The Innovation Skillset

Kinya Tagawa

イノベーション・スキルセット

世界が求めるBTC型人材とその手引き

Takram代表取締役
英国ロイヤル・カレッジ・オブ・アート名誉フェロー
田川欣哉

大和書房

イノベーション・スキルセット

世界が求める BTC型人材とその手引き

目次

第2章

イノベーションを加速する人材像

第3章

BTCトライアングルとデザイン

第4章 BTC型人材へのファーストステップ

第5章 デザイン駆動型《ドリブン》プロジェクト

装丁　水戸部　功

はじめに

本書は2020年代を生きる企業、そしてビジネスパーソンやエンジニアに必要とされる、イノベーションを生むためのスキルやその人材像を、**BTC**（ビジネス×テクノロジー×クリエイティビティ）という考え方でまとめた本です。

ここでいうクリエイティビティとは、製品・サービスのデザインや広告コミュニケーションを含む広い領域にわたりますが、この本の中ではイノベーションを生むためのスキルとして、**デザイン**にフォーカスをしていきます。

デザインは、テクノロジーと人間のあいだをつなぎ込む、境界面の潤滑油のようなものです。私たちが当たり前のように享受している生活環境は人工物があってのものですが、その人工物はデザインが適切になされていなければ、たとえ技術的に優れていても、生活の一部にはなりえません。

たとえば現代人はもはや靴がない世界をイメージできないわけですが、靴というものはゴムの製造技術や布の縫製技術だけでは、人間社会の中に入っていくことができません。ゴツゴツした足場から足の皮膚を守り、なおかつ長距離を歩いても疲れず、外観としても、格好よかったり美しかったりするデザインがあるからこそ、私たちは靴を履いて暮らしているわけです。

スマートフォンにしてもそうです。各種の基板、バッテリー、画面、センサー類やスイッチなどが剝き出しの状態で提供されたとしたら、いくら最先端のものであっても、一般のユーザーが満足に使えるものではなかったでしょう。

デザインの力が注目を集めるようになったのは、インターネット以降、企業がエクスペリエンス（体験）を通してユーザーと向き合う必要が出てきたからです。**そして、このエクスペリエンスをつくるのがデザインの仕事だからです**。人間とテクノロジーの境界面にデザインが入り、良質なエクスペリエンスが実現されることで、人ははじめてテクノロジーを生活の中で活用できるようになります。

その意味で、デザインはテクノロジーやビジネスの大切な伴走者なのです。もはやデザインは特別なものではなく、デザインなしでは成功できない時代が到来しました。ですから、ビジネスパーソンやエンジニアが、このデザインというものの中身を知り、活用することはとても重要なことなのです。

本書では、デザインを**「課題解決のためのデザイン」**と**「スタイルやブランドをつくるデザイン」**の2つに整理することで、ビジネスパーソンやエンジニアが、どのようにデザインを理解し、身につけていけばよいかということを、入門書として分かりやすく解説していくことにチャレンジしてみようと思います。

本書をきっかけに、デザインの力を身につけ、アップグレードされたビジネスパーソンやエンジニアたちが、イノベーションに挑んでいくようになることを期待しています。

それではまず、第4次産業革命というキーワードから、イノベーションとデザインの読み解きをスタートしてみましょう。

第１章

第4次産業革命の読み解き

ビジネスモデルの地殻変動

世界はいま第4次産業革命（コネクテッドの時代）に突入し、あらゆる産業に大変革の波が押し寄せている。そんな中、日本企業がまたグローバルプレゼンスを発揮していくには「イノベーション力」と「ブランド力」の向上が急務である。その両方の力を飛躍的に高める力を持っているのがデザインであり、Apple、Google、Netflixなどのグローバル企業にとってデザインの力を活用した経営はもはや常識。かたや日本企業は、経営判断においてデザインを軽視する傾向がいまだ根強く、それが日本経済の足かせとなっている——。

これが、2018年5月に経済産業省と特許庁から発表された「デザイン経営」宣言の主旨です。私も宣言作りのコアメンバーを務めました。この宣言では、デザインを「イノベーション力」と「ブランド力」として捉え、産業力強化に活用する方向性が示されました。

Apple や Google、Netflix といった成功例が示すとおり、**インターネット時代がもたらした大きなビジネスの変化は、作り手と消費者のあいだのつながり方の変化です。**

一昔前の私たちは、たとえばＩＣレコーダーを買う場合、家電量販店にいき、カタログを見たり説明を聞いたりしながら商品を選んで買っていました。お金を払った時点で商品の所有権が自分に移り、あとは壊れるまで使う。単発の決済が完了した時点で、売り主と消費者の関係性が切れる**「売り切り型」**のビジネスです。

このようなビジネスの性質は、提供者である企業の姿勢に大きな影響を与えています。その影響の中でも顕著なのが、企業がユーザーに対して持つ目線の重心が**「ユーザーが商品を買うまでのタイミング」**に集中することです。ユーザーにプロダクトを知ってもらうための広告、店頭で同じ棚に並ぶ類似商品との機能や値段の比較、販売員との会話などです。

量販店のレジでお金を払った時点で両者の接点は切れるため、買ったＩＣレコーダーの使い勝手が悪いとか、期待していたほど高音質ではないといった多少の不満があっても、大半の人はわざわざコールセンターの番号を調べてクレームの電話をかけることはありません。「まあ、あの値段だからこんなものか」と気持ちを切り替えてとりあえず使い続けるでしょう。そのためユーザーのリアルな声はメーカーになかなか届きません。これが従来のビジネスでした。ソフトウェアにしても、昔はわざわざMicrosoftのOfficeやAdobeのPhotoshopを量販店で買っていたものです。売り切り型は当然価格設定が高いので、ユーザーは元を取るまでソフトウェアを乗り換えません。

しかし、いまの時代、こうしたソフトウェアでさえも、どんどんSaaS（ソフトウェア・アズ・ア・サービス）化されています。完成品に対して一括でお金を払うのではなく、月額払いで使用料を支払う。**「サブスクリプション型」**と呼ばれるモデルです。

とりあえず使ってみるぶんには一ヶ月分のコストで済んでしまうので、気軽に試してみることができます。ほとんどの人は「まあ、安いからいいか」と、とりあえずダウンロードして使いはじめます。

ただし、そこで少しでも使い勝手が悪く期待するほどの性能ではないことに気づいたらどうするでしょうか？　辛口レビューを書く人もいるでしょうが、大半の人はそこまで暇ではありませんから、何もいわず、他のアプリを探しはじめるでしょう。

このように、サブスクリプション型の大きな特徴は売り切り型と比べて圧倒的に乗り換えがしやすい（スイッチングコストが低い）ことです。乗り換えがしやすいということはインターネット以降のプロダクト・サービスの常識です。それは、収益性を保つ上で「一度買ってもらうこと」だけでなく、**「長く使い続けてもらうこと」**が最優先課題になったということです。

サブスクリプション型ビジネスは現在あらゆる産業に拡大しようとしています。いま企業は、顧客の課題を解決し、使い心地がよく、かつ企業哲学を体現したようなプロダクトとブランドをつくる必要があります。そのことを通してはじめて「長く使い続けられる」というゴールが達成されるからです。

このようなプロダクトとブランドを育てるためには、「ビジネス」「テクノロジー」「クリエイティビティ」の3領域を有機的に結合させる必要があります。詳しくは後述しますが、私はこの3領域が結合した状態のことを**ＢＴＣトライアングル**と呼び、イノベーションを生み出す組織の理想型と考えています。そして、こうした異分野の統合をになう人

図1　BTCトライアングル

BTC型＝イノベーションを生み出す組織の理想型

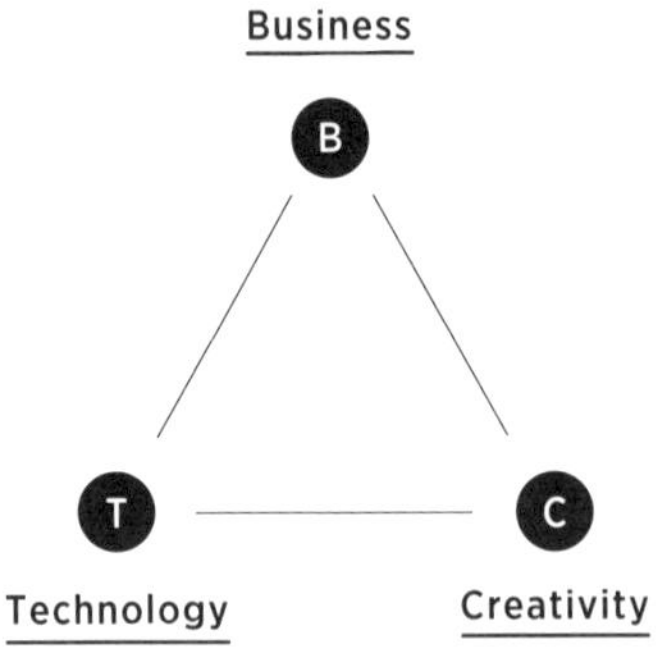

材を「ＢＴＣ型人材」、そのような人材を有した組織を「ＢＴＣ型組織」と呼んでいます（図1）。

現代は、一つひとつの専門領域では太刀打ちできないような複雑で複合化した課題が増えています。何が課題なのか、そして、そもそも答え自体が存在しないような、やっかいな課題。いまこの瞬間も、世界中のイノベーション企業はこうした複雑な課題に挑むために必死にもがいています。

こうした複雑な課題を解くためには、従来の経営にみられる要素分解的なアプローチではなく、分野越境型の総力戦が必要となります。もしデザインの領域が弱いのであればそれを補う必要がありますし、専門領域のあいだにそびえる高い垣根を取り払い、新結合が起きやすい状況をつくる必要があります。

「どうやったらイノベーションが起こせるのか？」という問いに対して、これまでも世界中の研究者や実践者が、時代に応じて様々な方法論や考え方を提示してきました。また、デジタルとＡＩ時代の到来で、イノベーションの考え方自体も目まぐるしく転換しています。

そのような中で、ここでは個々の手法ではなく、イノベーションを生みやすい人材像とそれにいたる道筋にフォーカスをあてていきたいと思います。

イノベーションの歴史的背景

ここで人類のイノベーションの系譜をおさらいしておきましょう。人間は原始の時代から、道具を作る技術（テクノロジー）を少しずつ獲得し、それらを巧みに組み合わせて、より複雑なテクノロジーを生み出してきました。その結果、人々の生活様式は一変しましたが、そのあいだ、人間が生物的に進化したかというと、我々の身体自体には大きな変化は起きていません。生物的進化は数万年といった大きな時間単位でしか起こらないからです。つまり、人類の進歩の歴史は、身体の進化ではなくイノベーションの積み重ねの歴史です。

ではこれからの時代において、世界ではどのような領域でイノベーションが起きるのでしょうか。少し、歴史を振り返りながら俯瞰してみましょう（図2）。

【第1次産業革命（機械の時代）＝第1世代ビジネス】

テクノロジーが人々の生活を短期間に変容させる最初のきっかけとなったのは、第一次産業革命による「**機械化**」です。その中心となったのはヨーロッパ。機械化のおかげで大量生産が可能になり、生産機械、蒸気機関車、蒸気船、自動車といったハードウェアがこぞって開発されたのもこの時代です。人々の生活様式を一変させる大変革となりました。

【第2次産業革命（電気の時代）＝第2世代ビジネス】

次に起きた大きな変化が第2次産業革命。電力と電子の時代です。

図2　産業革命とイノベーションの歴史

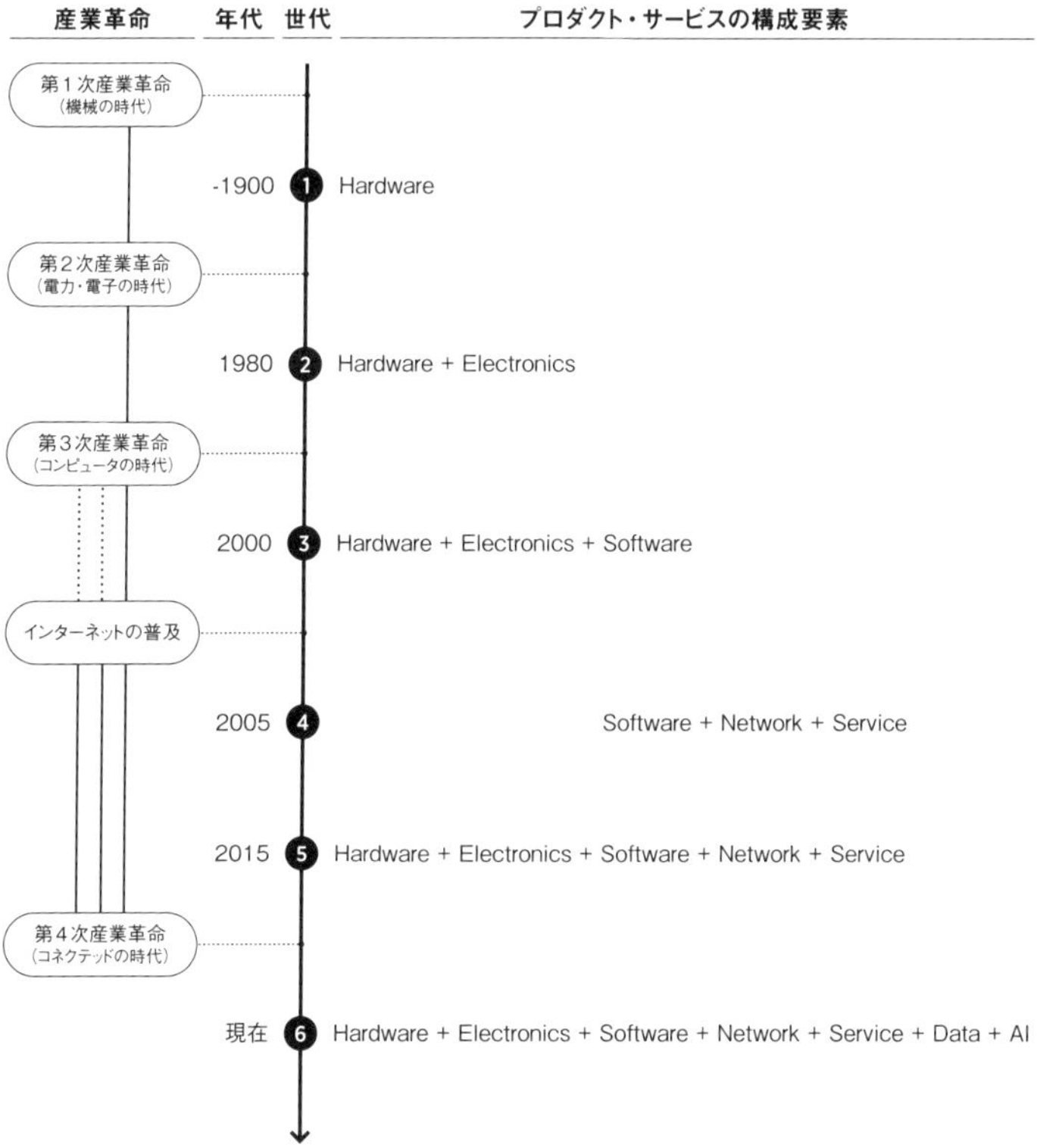

第一次大戦と第二次大戦のあいだあたりから、エジソン、ベル、テスラ、ショックレーなどの名だたる科学者がアメリカの地で電力、電子の分野で発明の山を築きます。**その結果、エレクトロニクスを活用した制御技術が一気に進化しました。**

日本はその民生化の波に乗った国です。安い労働力と円安の二大ボーナスを追い風に日本はモノづくり大国となりました。しかも日本はハードウェアとエレクトロニクスのハイブリッド化であるメカトロニクスでうまく付加価値をつけることに成功し、圧倒的な製品力とコストパフォーマンスで世界を席巻しました。これが第2世代ビジネスです。いまだに日本はメカトロニクスが強い国です。

【第3次産業革命（コンピュータの時代）＝第3〜5世代ビジネス】

その後、第3次産業革命の到来にともない、イノベーションの場はアメリカに戻りました。ソフトウェア（つまりコンピュータ）がイノベーションの主戦場となったのです。Microsoft や Apple が生まれたのはこの時代。日本の電気メーカーもコンピュータ市場に参入しましたが、結局ソフトウェアの面でアメリカに勝てませんでした。これを第3世代ビジネスと呼びましょう。

コンピュータの時代に起こった産業構造の変化はめまぐるしいものがあります。

大きな転機となったのはインターネットの普及です。ＩＴ技術（ソフトウェア＋ネットワーク＋サービス）の領域でイノベーションが次々と起き、Google・Amazon・Facebook・Salesforceなどの巨大企業が続々と登場しました。これが第４世代ビジネスです。

その次の第５世代ビジネスでは、スマートフォンを中心に、ハードウェアとソフトウェアの融合が起こりました。潤沢な資金をもとにＩＴ企業がハードを開発するようになったり（Google・Amazonなど）、ハードウェア企業もソフトウェアに力を入れたりするようになりました（Samsungなど）。

【第４次産業革命（コネクテッドの時代）＝第６世代ビジネス】

そして現在、世界でイノベーションのホットゾーンになっているのが、**「ハードウェア」「エレクトロニクス」「ソフトウェア」「ネットワーク」「サービス」に、「データ」と「ＡＩ」を加えた複合領域です。**ちなみに第４次産業革命については、ダボス会議創設者であるクリス・シュワブによる『第四次産業革命　ダボス会議が予測する未来』（日本経済新聞出版社）という本によくまとまっています。

ユニコーン企業の顔ぶれをみても、この領域の企業が急速に増えています。「データ」についてはは大きな利益の源泉になることが常識化し、ヨーロッパではデータの収集と運用に規制をかける動きも出ています。そのあいだに、中国ではＩＴ企業が大規模なデータ収集に励んでおり、アメリカを凌駕する勢いです。

日本はというと、第３次産業革命におけるデジタル単体の競争には完全に乗り遅れました。アプリ、ＯＳ、クラウドのビジネスでグローバルを席巻することは難しい状況です。

ただ、この先に見えているイノベーションの主戦場は第４次産業革命を牽引する**「コネクテッド」**の領域です。この時代の主役となるのは最先端のデジタル技術とハードウェア技術を絶妙に結合させたプロダクト・サービスを提供できる企業になります。本書ではこうしたビジネスを**第６世代ビジネス**と呼ぶことにします。

もしイノベーション競争がこのままデジタル領域だけで続くのであれば、おそらく日本企業の出る幕はほとんどないでしょう。しかし、ハードとソフトの結合という話になってくると少し話が変わってきます。

先端ビジネスモデル「SaaS Plus a Box」

第6世代ビジネスといわれてもピンとこないかもしれないので、ひとつ具体例を紹介しましょう。

アメリカで急成長しているスタートアップで、Peloton（ペロトン）という企業があります。同社のビジネスモデルは「SaaS Plus a Box（サーズ・プラス・ア・ボックス）」と呼ばれています。SaaS（サブスクリプション型サービス）と、技術的にもデザイン的にも完成度の高いハードウェア（プロダクト）をセットにして売るビジネスのことで、最先端のビジネスモデルのひとつです。

Peloton は家庭用のエアロバイクです。一般的なエアロバイクの相場は200ドル程度（2万円程度）ですが、この Peloton は2200ドル（22万円程度）という挑戦的な価格で

図３　Peloton の「Saas Plus a Box」モデル

出典：https://mobile.twitter.com/onepeloton/status/938858214917132288

す。しかも、Pelotonの販売チャネルは直販のみ。これが飛ぶように売れているのです（図3）。

写真を見れば分かるようにプロダクトデザインの完成度は高く、ベッドルームの片隅というよりはリビングルームの目立つところに置いておきたくなるデザインです。とはいえ、ユーザーはプロダクトのよさだけに惹かれて2200ドルを払っているわけではありません。**Pelotonを買うことによって得られる課題解決と体験価値にお金を払っているのです。**

一般的なエアロバイクとの大きな違いはディスプレイにあります。タブレット端末（写真で女性が見ている画面です）がエアロバイクと一体化していると思ってください。この画面を通じてユーザーはPelotonが運営するオンラインジムとそのコミュニティにつながることができるのです。

Pelotonに座ってログインをすると、同じ時間帯にログインしている人のリストが閲覧できます。画面の先にはインストラクターがいます。ログインしたユーザーたちは同じインストラクターから鼓舞されながら、同じ音楽を聞き、一体感を味わいながら自転車をこぐ。要は一般的なジムのスタジオで行われているようなトレーニングプログラムをオンラインで実現しているのです。

そしてこのサービスの利用料が、月額40ドル（4千円程度）かかります。プロダクトで2200ドルを売り上げ、さらにひとりのユーザーから毎月40ドルの安定収益が入る。**どれだけ収益性の高いビジネスか容易にご想像いただけるでしょう。**

Pelotonは創業7年ですでに年間売り上げは700億円。一般的に新規事業が成功したと判断される目安は単年売り上げで100億円。大企業の主力事業でようやく1000億円程度ですから、驚異の成長ぶりです。また、時価総額も7000億円に届くといわれており、アメリカでも注目を集める企業となりました。

さらに同社は、ブランドとユーザー基盤ができたことでクロスセル（横展開）もはじめています。ランニングマシンのバージョンも売り出しており、スポーツウェアの展開もしています。ちなみにシャツ1枚で75ドル（8千円程度）。ブランディングとユーザーのロイヤリティの高さがなせる価格設定です。クレジットカードが登録済みで、すべてオンラインで購入できるため、「ついで買い」のハードルが低いこともあります。

月額40ドルを高いと感じる人もいるかもしれませんが、一般的な店舗型のジムは月額

１００ドル（1万円程度）以上かかりますし、Pelotonならジムに行く移動時間も必要なく、自宅で24時間使えることを考えると実はお得だと感じる人も少なからずいます。

アメリカのジム市場は３兆円規模ですから、Pelotonの市場シェアは２％ですが、今後仮に10％のマーケットシェアを取り込めるとすれば売り上げ３０００億円規模の企業になります。Pelotonの経営者たちの見立て力と現場のプロダクト・サービスの実現力には素晴らしいものがあります。

Pixel 3に見るGoogleの本気

Googleも第６世代で活躍する企業です。

ここにきてGoogleがものすごい勢いで物理領域に進出しています。ご存じのとおりGoogleは人工知能開発をリードするデジタル陣営の覇者ですが、いまや自動運転（Waymo）、スマートスピーカー（Google Home）と、**着々と物理世界におけるＡＩの実装先を開拓し**

図4　Pixel 3

ています。

同社がハードウェアに本腰を入れていることはこの数年のスマホのクオリティを見ても顕著です。私は長年iPhoneユーザーでしたが、ついにGoogleのスマホPixel3に乗り換えました。アンドロイドOSの使いやすさや高性能カメラも食指が動いた理由のひとつですが、なにより、ここにきてプロダクト（モノ）としてのデザインクオリティが飛躍的に上がってきたからです（図4）。

なぜ急にデザインのいいプロダクトを作れるようになったのかと調べてみると、すぐに納得できました。

アメリカ人女性デザイナーのアイビー・ロス氏を、ハードウェアデザイン部門のクリエイティブディレクターとして据えたのです。今年、Google Japan の開催したイベントでアイビーと対談する機会があり、Google の目指すデザインのビジョンについて、深く聞くことができました。

アイビー率いるデザイン部門のミッションは、**テクノロジーの気配を消して、ユーザーの生活空間と自然に共存できるプロダクトに仕上げること**。そうしてこそ、最新技術であるＡＩが人々の生活や社会に浸透していくと。これぞまさに人間とテクノロジーをつなぐ、デザインの本質的役割です。

アイビーは、Google の本拠地であるマウンテンビューの本社の敷地内にデザインチームのビルを造り、その中に世界中から優秀なデザイナーたちを集めました。このビルは他の Google の建物の雰囲気とは一線を画しており、センスのよいモダンデザインのお手本のような環境に仕上げられています。そして、そのビルの中にはハードウェアのデザインに用いられる、多様な素材のサンプルのライブラリなども整備され、よいプロダクトデザインが生まれる雰囲気が充満しています。

図5　Googleの目指すプロダクト・デザイン

アイビーと彼女のチームは、このビルの中でGoogleの新しいプロダクトデザインの方向性を作り上げ、また、デザインチーム以外のエンジニアやビジネスパーソンを、このビルに積極的に招き入れ、デザインの本質についての啓発も行っているようです。

もともとGoogleは、コンピュータサイエンスとエンジニアリングの会社ですから、価値観としてもその部分を最大化するようなカルチャーです。そのカルチャーの中では、ハードウェアのデザインのクオリティがなぜ重要か、ということは明示的には共有されておらず、エグゼクティブの中には、「ハードウエアのデザインに投資する意味が分からない」という声も多かったに違いありません。

こうした環境の中、アイビーはデザインチームとそれ以外のあいだを行ったり来たりして、デザインの価値を説き続けることで、変化を起こしたのです。**つまり、先端を行くようなシリコンバレーの企業においても、中身を見れば、数人のキーパーソンが変化を牽引しているのです。**

このようにGoogleは圧倒的ともいえるデジタル技術の力にあぐらをかくことなく、クリエイターの個の力をプロダクトづくりに持ち込み、物理世界における次世代の勝ち組の仲間入りを目指しているのです（図5）。

プレイステーション・プラスの成功

では、いまだに第2世代（ハードの領域）にいる日本企業でも第6世代に飛ぶことができるのでしょうか？　ハードルはあるものの、飛躍を実現する企業がいくつも出てくるでしょう。そう考える理由がいくつかあります。

ひとつは、第6世代への参加にはハードウェア技術が欠かせず、その部分については日本にはアドバンテージがあるからです。もちろん、中国をはじめとしたアジア各国もハードウェア技術には高い能力を持っています。しかし、世界を広く見渡せば、ハードウェアを愛してやまない国はアジア周辺に限られており、その中でも、緻密、丁寧、繊細な仕事が大好きな日本は、今後もハードウェア産業を手放さないでしょう。必要条件のひとつであるハードウェアの生態系の中で高いポジションが取れていることは強いアドバンテージです。

もうひとつの理由は、Pelotonで使われているようなデジタル技術は、デジタル技術単体の勝負と比べれば、猛烈な勢いでコモディティ（一般）化しているからです。つまり、ゼロからソフトウェアを開発しなくても、技術を利用しやすい状況になっているということです。たとえば、ＡＷＳ（アマゾン・ウェブ・サービス）のようなサーバ技術なども含め、インフラ部分や要素技術については特に利用環境の整備が進んでおり、一昔前に比べれば圧倒的に使いやすい状況ができてきています。

つまり、これらの技術の基幹部分への投資をスキップして、サービスやプロダクトを作ることに集中できる環境が整ってきているということです。もちろん、ソフトウェアのコア部分については各社がオリジナリティの高い内容を盛り込むことは必須ですが、開発のボリューム感でいえば、ライトウェイトなチームでも、しっかりしたソフトウェアが作れる状況になっています。日本企業が、これらのデジタル技術を上手に取り込む体制をつくり、ハードウェアとの新結合にフォーカスすることができれば、短期間に競争力のあるプロダクトを生み出せる可能性があります。

日本にも「SaaS Plus a Box」のビジネスモデルの実現に成功している事例があります。たとえばソニーのゲーム機事業を見れば、**「プレイステーション・プラス」**の成功があります。プレイステーション4（PS4）はハードウェアの価格が3万円ほど。そして、購入後にオンラインに接続し、プレイステーション・プラスの会員になれば、マルチオンラインプレイが可能になります。このサブスクリプションサービスは、世界中のゲーマーに利用されています。1ヶ月の料金は850円ほど。ゲーム機本体の売り上げに加え、サブスクリプションで売り上げが積み上がる「SaaS Plus a Box」の成功事例といえるでしょう。

ＰＳ４を中心としたソニーのゲーム＆ネットワークサービス部門の２０１８年度の売り上げは2兆円を超えます。ＰＳ４は発売開始から5年半が経過し、ハードウェアの販売自体はピークを過ぎています。２０１８年度にはハードウェアの販売数量が減少に転じていますが、プレイステーション・プラスのユーザー数が順調に伸びているため、事業全体での売り上げは逆に上昇している状況です。

ハードウェア単体の事業は、製品投入時点からの価格下落との戦いです。また「当たる／当たらない」の振れ幅が大きい、博打的な要素を多分に含んでいます。**ハードウェアにサブスクリプションを組み合わせる「SaaS Plus a Box」は、これらハードウェアの欠点を補完しうるアプローチで、日本企業にも参考になるモデルでしょう。**

自動運転の未来

２０１８年1月にトヨタ自動車が、世界最大の見本市であるＣＥＳ（コンシューマー・

図６　e-Pallet Concept

提供：トヨタ自動車

エレクトロニクス・ショー）で発表したのが、モビリティサービスプラットフォームのコンセプト「e-Pallet（イーパレット）」でした。この構想の中では、自動運転や高度なサービスが実現された未来の街の風景が映し出されました。トヨタがそのような未来の実現に向かうというメッセージが謳われ、自動車産業の変化における象徴的な出来事として大きな話題となりました。私とTakramもこのプレゼンテーション設計のお手伝いをしました（図６）。

　そして、世間から大きな驚きの声が上がったのが、２０１８年10月の、トヨタとソフトバンクという日本を代表する二大企業による提携の発表です。やはりこれも、ハードウェアに強いトヨタがIoTプラットフォームなどの最先端デジタル技術を持つソフトバンクと提携することで、**第6世代に一気に飛ぼうとする象徴的な出来事だと思います。**

両社が共同で設立するモネ・テクノロジーズが開発しようとしているのは全自動の電気自動車を用いた次世代のモビリティサービス。車だけでもなくサービスやデジタルの要素技術だけでもない、物理世界とデジタル世界が一体になったテクノロジーとサービスを開発することが目的として謳われています。第6世代へと飛躍しようとする企業の強い意志、**逆にいえば、このまま第2世代にとどまっていては、企業の存続さえ危うくなるという強い危機感があらわれています。**

自動車という大型のハードウェアを、高い品質で大量に製造することは、小規模のスタートアップにできることではありません。しかし、北米ではイーロン・マスク率いるTeslaが電気自動車とその自動運転テクノロジーで、デジタルと物理の境界面を破壊しつつあります。中国の企業群もアグレッシブにこの領域に取り組んでいます。

自動車産業は日本の基幹産業です。この産業がもし、一気に第6世代へとジャンプできれば、凄まじい産業上の変化が生じるでしょう。この世代のものづくりは総合格闘技戦です。一社だけでは領域の広がりとスピードをカバーできないため、提携や統合を通した産業のエコシステムの再編が必須です。当然、UX（ユーザーエクスペリエンス）も重要となるため、ハードウェアからソフトウェアまで、ユーザーが心地よく使えるものに仕上げるためには、デザインの能力も総動員する必要があります。

AI×ロボティクスの秘める可能性

ハードとソフトの結合によって従来にないイノベーティブなプロダクトを生み出すという面では、**ロボティクスとAIの融合分野にも大きな可能性があるといわれています。**この分野も日本企業の活躍領域のひとつです。

世界の産業ロボット市場の上位は日本のメーカーが占めています。産業ロボットメーカーはそもそも複雑なロボット制御のためのソフトウェア開発部隊がおり、ハードとソフトの結合に対して抵抗がありません。だからこそ、彼らがソフトウェア企業とうまくタッグを組むことで、生活を一変させるようなイノベーションが起こせる可能性があります。

ＡＩ企業のPreferred Networks（ＰＦＮ）はいまロボット事業に本気で進出しようとしています。これまでもトヨタやファナックといった大手企業と組んで、自動運転や産業用ロボットの分野に進出してきました。そして、２０１８年10月には家庭用の全自動片づけロボットを発表し、業界の話題を集めました。

ＰＦＮは、ＡＩのエンジニアだけではなく、ハードウェアのエンジニアも積極的に採用し、ソフトウェアとハードウェアの両刀使いを着々と育成しています。ＰＦＮのＣＥＯである西川徹さんは、「ソフトウェアのエンジニアにはハードウェアの技術を学んで欲しいし、逆もまたしかり」ということをおっしゃっています。もともとメカトロニクスという用語を発明したのは日本といわれています。メカトロニクスは「メカ」と「エレクトロニクス」が融合した言葉で、**当時は完全に分断されていた2つの領域を結合することで大きな価値を生みました**。

そして現在、「メカトロニクス」に匹敵するような領域が、ＡＩをはじめとするソフトウェア技術と、日本が得意とするメカトロニクスの融合領域に勃興しようとしています。この数年のうちに、「メカトロニクス」と同じように新しい言葉が定着するのではないでしょうか。たとえば、ソニーをはじめとして**「AIロボティクス」**という言葉が、すでに使われはじめています。このような動きも、第6世代産業に向けた布石と捉えることができるでしょう。

一方で、高度なロボット技術が家庭環境に違和感なく入っていくためには、Googleの事例で見たように、デザインの力がどうしても必要になってきます。そもそも、ユーザーが抱えている課題は何なのかを見極め、それを使い勝手がよい、そしてインテリアとも調和するようなプロダクトに仕上げ、その操作に使うアプリのUI（ユーザーインターフェース）もシンプルで分かりやすくする必要があります。つまり、ハードウェアとソフトウェアの両方のデザインの力がどうしても必要になってきます。

4Pから5Pの時代へ

ここまで、第6世代ビジネスの片鱗を見てきました。ハードウェアとデジタルの結合領域に、産業としての大きな可能性があることは分かっていただけたかと思います。一方で、ハードウェアとデジタルが結合すれば、それですぐさまイノベーションが起きるわけではありません。**革新的なプロダクトを世の中で浸透させていくためには、それを魅力的なプロダクトやUX（ユーザーエクスペリエンス）に昇華するデザインの力がとても大切になってきます。**

ビジネスの世界では「4P」という定番の考え方があります。マーケティングを考える上で重要な4つの要素、**プロダクト（製品・商品）**、**プレイス（流通）**、**プライス（価格）**、**プロモーション**のことです。この4つのすべてが揃わないとビジネスとしてうまくいかないという、ごく当たり前の話をしているのですが、わざわざこのようなフレームワークが使われるのには理由があります。縦割りにされた組織がビジネスを作り込んでいくときには、部署ごとの部分最適が起きがちで、結果として戦略上の「偏り」や「見落とし」がついつい起きるからです。

「物はいいんだけど売れないんだよね」と嘆いている企業は、ほとんどの場合、「プロダクト」以外のPのどこかに見落としがあります。 ビジネスを生み出す際には鳥の目で4P全体のバランスを見ながら、虫の目で細部にまで精査をかける必要があります。それはもはや職人芸、ガラス細工のような完璧な組み合わせができてはじめて物は売れるのです。

その本質は現在でも変わりませんが、インターネットが普及してからというもの、ビジネス構築の複雑性はさらに上がりました。従来の4Pが重要であることに変わりはありません。ただ、インターネット以降は4Pにもう一個のPが加わって**「5P」**になったのです。それはCUSTOMER EXPERIENCEのP、つまり**「顧客体験」**です（図7）。

顧客体験はプロダクトを使っているときのユーザーの体験はもちろんのこと、プロダクトの使用前後の体験まで含んだ広範な概念です。現代はモノと選択肢があふれかえり、し

図7　4Pから5Pへ

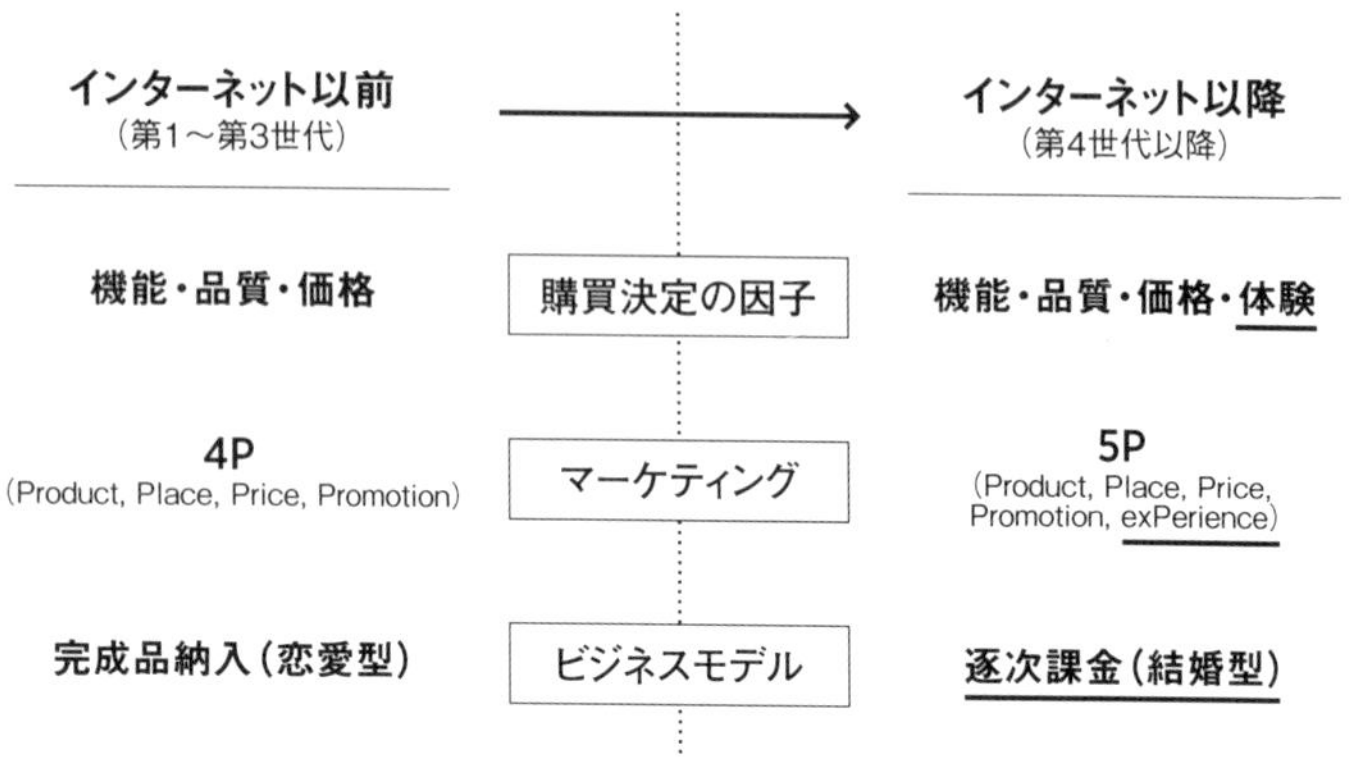

かも口コミによる情報共有が当たり前になりました。ユーザーの感情を軽視したプロダクトはSNSやECサイトのレビュー欄で容赦なく叩かれます。ユーザーとしっかり向き合って、本質的によいプロダクトやサービスを作らない限り、特にBtoC領域では見向きもされなくなりました。そのため、ユーザー視点を取り込み、常にプロダクトの改善に向き合う手法としてのデザイン思考がシリコンバレーで普及したのは自然の流れでした。

ここでいうデザインはあくまでも手段のひとつです。「ユーザーに喜ばれるプロダクトを作ること」が最上位の目的だとすれば、ビジネス、テクノロジー、デザインといった領域をつなぐインテグレーション、**つまり「統合化」が必要**

です。

日本企業が Peloton のようなプロダクトやサービスを開発するにはユーザーの隠れたニーズを見抜く価値提案、綿密に計算されたサービスの仕様、ユーザーの満足度を高めるＵＸ設計、完成度の高いアプリ、ユーザーの心を動かすプロダクトデザイン、最適化されたマーケティング・コミュニケーション戦略とチャネル設計、安定した収益構造――。こうしたあらゆる要素が高次で実現されなければ機能しません。**つまり、５Ｐが全体としてバランスよく揃うことが肝心であって、それができてこそ、はじめてデザインが活きるのです。**

かなり難易度の高い話をしていると思われるかもしれませんが、すでにマーケットの競争空間はそのようなレベルに至っているということです。

当然、これだけ要素が増えると、プロジェクトチーム内の衝突や不理解の調整は大変なものになります。それぞれの専門家には各自言い分があるので当然です。しかし、そこで対立関係を放置したままプロジェクトを進めたり、安易に妥協をはかったりするようではいいものは作れません。

ＢＴＣトライアングルとは何か

それでは、専門性を縦横無尽に越境しながら、プロダクトを作り上げていくためのチームとは、どのようなチームなのでしょうか。現状よくみられる、職能ごとに縦に分断された組織で、そのようなものづくりが可能でしょうか。企業で分業の現場を知っている皆さんは、それはかなり難しいという印象をお持ちなのではないかと思います。

そのような状況に対する解決策のひとつとして提案したいのが**「ＢＴＣ型」**の人材と組織です。

ハードウェアとソフトウェアを結合させ、「SaaS Plus a Box」のような新しいビジネスモデルを実現するためには、ビジネス（B）とテクノロジー（T）とクリエイティブ（C）の3領域に存在する組織間の壁をまず取り払い、3つの領域が有機的につながるチームを作らなければいけません。この3領域が統合された状態を**「BTCトライアングル」**と呼びます。

BTCの「B」はビジネス、「T」はテクノロジー、「C」はデザインを含むクリエイティビティです。大学の専門でたとえてみれば、「B」は文系、「T」は理工学系、「C」は芸術系となります。新しいプロダクトやサービスが生まれる際には、これらの3職種の人間が緊密に連携することが必要なのですが、大企業になればなるほど、この3職種のあいだは分断され、互いのコミュニケーションは疎《おろそ》かになりがちです。

「どうやったらイノベーションを起こせますか?」という問いに対して、その答えには様々なアプローチがあるのですが、私からの提案は**「BTC型組織をつくる」**ということです。

まずはデザイナーを交えた組織横断のBTC型チームをつくること。そしてそのチームでビジネスの観点、テクノロジーの観点、デザインの観点を、統合的に思考し、仮説を立てて、プロトタイピング（試作）を通して、その効果を検証するプロセスを実行すること。そして、プロダクトの市場投入以降、初期の集中的改善フェーズを経て、市場に受け入れられる状態であるPMF（プロダクト・マーケット・フィット）を実現すること。ここまでを分業せずに、全員がビッグピクチャー（全体像）を共有したチームワークで乗り切っていくということです。詳しい解説はここでは避けますが、その後の成長フェーズにおいて、そのままBTC型組織で牽引するか、分業型組織にバトンタッチするかは、企業やビジネスの質によって選択肢がわかれます。

実は、BTC型組織はすでに日本にもいくつも存在しています。

たとえばサントリーはクロスファンクションで商品開発をする企業として知られています。先日、サントリーの幹部の方とお話をする機会をいただけたのでBTCの話をしたのですが、「それはそうですよね。うちでは30年前からやっていますよ」と笑いながらおっしゃっていました。同社では新商品をつくるときにR&D部門、デザイン部門、マーケティング部門からメンバーが集められ、ひとつのプロジェクトチームとして結託しながら商品を作ります。

このチームの中でデザイナーは、技術部門と協力してプロダクトの実現方法を考えながら、マーケティング部門とコミュニケーション戦略も同時に考えるのが当たり前。幹部の方の言葉を借りれば**「モノを作る人と伝える人を分業するのは、消費者のことを軽視している証し。デザインはものづくりの根幹です」**ということでした。

サントリーがヒット商品を連発する背景には、このような組織運営に秘密があるのです。しかし、このような恵まれた組織はいまだ限られており、大半の日本企業では分断化やサイロ（孤立）化が顕著です。特に大きな組織になるほど経営効率を上げるために設計は設計、製造は製造、マーケティングはマーケティング、と分断されていく傾向にあります。そして、そこから生まれるセクショナリズムは必ずプロダクトやサービスの表面に、劣化として染み出していきます。**結果、徐々に時代から遅れたちぐはぐなプロダクトとなり、次第にユーザーの不満を買うようになります。**

最近は戦略コンサルティングファームもＢＴＣの強化に熱心です。一昔前のコンサルティングファームの仕事は、戦略、組織、コスト、マーケティングなどの「Ｂ」の領域に特化していました。しかし、インターネット以降、戦略がよくてもシステムの設計と実装の質が低いとうまくいかないことが増えたため、具体的な実装までをフォローするＩＴ／システムコンサルティングの比重が高まりました。「Ｂ」と「Ｔ」の結合です。

そして、現在では「B」と「T」だけではなく、「C」を抜きにしてはユーザーに支持されるプロダクトが作れなくなったことで、コンサルティングファームがデザインファームを買収して不足部分を補足することが世界的なトレンドになっています。イギリスのデザインファームFjord（フィヨルド）やDroga5（ドロガ・ファイブ）を買収したアクセンチュアなどが好例です。

もちろん、従来どおりの組織やビジネスモデルのまま生き長らえる産業もあります。たとえばB to B領域でハードウェアだけを作ることに特化した企業は今後も必要ですし、アメリカでさえデジタルとは無縁のところで商売をしている企業もたくさんあります。そういうところに無理やりデザインやBTCを適用させてもほとんど効果はありません。

しかし、もし企業に第6世代ビジネスに飛ぶ意志があるなら、デザインに力を入れ、BTCトライアングルを目指すことが、有力な選択肢のひとつになるでしょう。

次章では、イノベーションの牽引役としてのBTC型人材の中身について、具体的に解説をしていきたいと思います。

第2章

イノベーションを加速する人材像

増えすぎたオペレーション人材

どんな企業も従業員の大半は「オペレーション人材」が占めています。ルールを守り、仕組みにのっとり、与えられた仕事を効率よくこなす人材。優れたオペレーション人材がいないと、ビジネスを回すことはできません。一方で、変化の時代に企業に求められるのは新しい価値の創造であり、既存の枠を飛び越えるようなチャレンジを起こす必要があります。その原動力となるのが**「イノベーション人材」**です。

それはビジネスの世界の話だけではなく、政治であろうが、学術研究であろうが、農業であろうが同じ。人間社会は常に一定数のイノベーターが新しい価値、ルール、仕組みを生み出すことで進化をしてきました。

では、企業人材の全員がイノベーターでなくてはならないかというと、そういうわけでもなさそうです。イノベーション人材とオペレーション人材の理想的な割合は1：8くらいでしょうか。残りの1割は、古くなった仕組みを解体して引き算する人材です。つまり、イメージとしては「たす人」「みがく人」「ひく人」が1：8：1くらいの割合になるのがベストなのでしょう。

理想の配分は1：8：1であっても、現実社会はおそらく9割9分がオペレーション人材で占められています。**「みがく人」が必要以上に増えすぎて、「たす人」と「ひく人」の役割が制限されて結果的に新陳代謝が進まなくなっている。**これは日本企業に共通する課題です。

日本でも新規事業に力を入れる企業が増加傾向にありますが、形ばかりで担当者に自由が与えられないという話も耳にします。たとえば、大手メーカーの30代の新規事業担当者と話したとき、彼は5年間の部門在籍中、いまだにひとつも商品を市場で立ち上げたことがないといいます。なぜかと聞けば「上司からの細かい指摘が多く、結局バットを振らせてもらえない」とのこと。残念ですが、これが多くの企業の実態です。肝心の経営者や上司もバットを振った経験が少ないのが現状ですから、イノベーションの加速は、そう簡単ではないのです。

企業活動の大動脈を担っているのがオペレーション人材であることは間違いありません。

彼らがモノやサービスを作り、売っています。しかし、自分たちが会社を動かしているという意識が行き過ぎると、何か新しいことをしようとする人を軽視したり見下したりする風潮が強くなる。そうして時間の経過とともに、組織は変化を拒み硬直していきます。

「未来は変化の積分値」という言葉があります。つまり、変化のない企業には未来がない。それが分かっていても、組織の硬直化は静かに進行します。

オペレーション人材が爆発的に増え、組織を支配しはじめたのは高度成長期の終盤からでしょう。組織は基本的に不可逆な存在ですから、いったん構図ができてしまうとあとは代々受け継がれていきます。どんなスタートアップ企業でも組織拡大をするにつれ「普通の企業」になり、さらに年数が経てば大企業病が出てきます。ジリアン・テットの『サイロ・エフェクト　高度専門化社会の罠』（文藝春秋）という本に、**「サイロ化の罠」**と呼ばれるこの現象について詳しく書かれていますので、こちらも参考にしてください。

このような状況を脱するには多少強引でも世代交代をはかったり、ビジネスモデルをゼロベースで検討しなおしたり、デザインの力を借りたりしながら、ガチガチに固まった組織を解きほぐしていかなければなりません。**日本にはイノベーション人材がいまの10倍以上必要だと思います。**

ＡＩが普及してくるとオペレーション人材もいまほど必要ではなくなるという予測もあります。ルールベースで間違いなく仕事をこなすことには、人間よりソフトウェアのほうが向いています。ソフトウェアが高度化するにつれ、オペレーターの存在意義は年々薄れていきますから、だぶつくオペレーション人材をいかにイノベーション人材にコンバートするかということは、経営者たちに共通の悩みごとでもあります。

イノベーションを加速する「ＢＴＣ型人材」

これまでの企業でイノベーターとして活躍してきたのはどんなタイプの人たちだったのでしょうか。それは、ビジネスとテクノロジーを高解像度で理解して密結合させるスキルや経験・裁量をもった**ＢＴ型人材**たちでした。現在でもＢＴ型人材はエリートスキルと見なされています。すでにインターネットに詳しくない金融機関のトップなどはひと世代前のオールドエリートであり、いまや金融機関の幹部であればソフトウェアテクノロジーの本質が分からないとはいっていられません。

そして、第1章で述べたように、ここにもうひとつの要素であるデザインが登場してきました。これから必要とされるイノベーターはBT型から**BTC型**に進化する必要があるのです。**たとえば、ジャック・ドーシー（Twitter 創業者）、イーロン・マスク（Tesla 共同設立者）なども、ビジネス、テクノロジー、デザインについて幅広い知見と視野を持った新型の経営人材です。**

今後、グローバルなビジネスシーンでBTC型人材が活躍していくことは間違いありません。**ひと昔前まで「ビジネスパーソンにいま必要なのはITリテラシーだ」と盛んにいわれていたように、デザインリテラシーも、近い将来、ビジネスパーソンにとっての必須スキルになります。**そしてそれは経営層だけではなく、イノベーションの現場にいる人材にも求められるようになります。

BTCを考えるときに、日本だけが世界から極端に取り残されているかというと、そうでもありません。ＢＴＣ型人材の量はシリコンバレーを中心に北米だけが突出している状況ですが、世界全体でみればまだまだ少ない状況なのです。

もちろん、インターネット以前のオールドエコノミー（特にＢ to Ｂ）の中で自分のキャリアが完結する人はそもそもＢＴＣを目指す必要はありません。ＢＴにあたるテクノロジーとビジネスの二軸を磨いたほうが、よほどリターンがあると思います。しかし、少しでもインターネットに関わる業界にいる人、もしくはＢ to Ｃに携わる人であれば、デザインの視点や知識、心構えがあるかないかで相当な差が出てくるでしょう。**特に若い読者の方々にとっては、いまからデザインを組み込んでＢＴＣスキルを磨いていくことが選択肢のひとつとなります。**

イノベーターが備えるべき2つの要素

ではどうやったらイノベーション人材になれるのか。それを考えるにはまずイノベーションとは何かを考えなければなりません。

イノベーションとは一言でいえば「新結合による価値創造とその社会浸透」のこと。新しい技術やソリューションを生み出すことも必要ですが、人々がそれに対して価値を感じ、社会的浸透に至るところまでいって、はじめてイノベーションと呼びます。

イノベーションを技術開発のことだと認識している人もまだまだ少なくありませんが、それはイノベーションの一部ではあっても全体のことではありません。イノベーションの提唱者であるシュンペーターもいうように「価値創造」と「社会浸透」の2つが実現してはじめてイノベーションと呼べるものになります。スタートアップの世界に「Idea is cheap」という言葉があります。単なるアイデアマンはイノベーターとはいいません。**アイデアがあり、それを具現化して、なおかつ社会浸透まで実行してしまう人材のことを、イノベーターと呼びます。**

では「価値創造」はどうやったら起きるか。その大半は、異種交配による新結合です。よく言われるゼロイチ（0から1を生み出す）という言葉の響きからは、独創的なアイデアが無から生まれるというイメージがつきまといますが、実際にはそういうパターンはほとんどありません。**多くのイノベーションは、以前から存在していたが、普段出会うことのない複数の要素が、独特の形で出会い、結合することで価値化するパターンです。**

たとえば世の中にコンピューターサイエンスにものすごく明るい医師がいたとします。医療だけの専門家、コンピューターサイエンスだけの専門家はいくらでもいますが、両方詳しい人は希少です。

そして、こういう人たちがたとえば、ＡＩを駆使したガンの画像診断システムのような新結合型アイデアを思いつき、医療の最先端を切り拓いていきます。どれだけ優秀なコンピューターサイエンティストでも医療の世界で解決しなければならない課題の本質はわからないし、どれだけ優秀な医者でもＡＩのことを深く知らないことには、その活用を発想することはできません。**2つの領域を行ったり来たりする越境人材が、イノベーションの起点になることが多いのは、新結合がそのような人たちの脳内で自然に起こってしまうからです。**

ＢＴＣ型人材の頭の中でも、このような越境的新結合が起こりやすい状態が生まれます。これは、方法論としてのデザインの中に、ビジネスやエンジニアリングと全く異なるアプローチが豊富に含まれるからです。そして、そのデザインのアプローチの大半は**「ユーザー視点」**と**「美意識」**に立脚しています。Ｂ型やＴ型のロジカル思考と、それに相反するようなＣ型のユーザー視点や美意識のあいだを振り子のように行ったり来たりすることで、異種交配、つまり価値創造の打率が自然と高まります。

また興味深いことなのですが、デザイン固有のユーザー視点と美意識には、提案する価値に一貫性を持たせるという特殊な機能性があります。「使いやすい」「かっこいい」といったユーザーの感覚は、企業のミッションから、プロダクトの細部にわたるまでの一貫性やバランスのよさを土台に立ち上がります。この一貫性の提供は、ビジネスやテクノロジーのスキルセットの中にはあまり見出せない機能です。

また「社会浸透」の初期段階についても、デザインは主要な役割を果たします。市場導入時のブランド構築やマーケティングコミュニケーションにデザイン視点が導入されることで、プロダクトやサービスの魅力をユーザーに対して効果的に訴求することができるようになります。また、市場投入後も継続したプロダクト改善をユーザー視点から実施することで、早期のマーケットフィットに貢献します。

まとめると、イノベーション人材というときには2つの意味があります。

ひとつは、複数の領域を越境しながら、それを振り子のように行き来することで新しいアイデアや価値を創出するスキル。ここでは、「ビジネス」「テクノロジー」「デザイン」

の3領域を俯瞰して捉え、分断や対立が生じている箇所の橋渡しとなり、細かいすり合わせを経て、**アイデアの具現化に貢献できる人材**です。

もうひとつは、社会浸透の局面において、プロダクトやサービスをマーケットで立ち上げ、**社会浸透の初期段階まで導いていく人材**です。

これらすべてをひとりの人間でカバーすることは相当に難易度が高いのですが、BTCトライアングルはチーム単位で構成できればよいので、チームを束ねる統合スキルを持っているだけでもビジネスパーソンとしての価値は相当高まるでしょう。

いまはビジネス領域やテクノロジー領域のどれか一本しか知らないという人は、まずは自分の知らない分野のリテラシーを高め、他分野の言い分を理解することができるレベルの「耳」をつくることが重要です。

デザインエンジニアの育成法

ＢＴＣ型人材の育成法について、詳しくは第4章で述べますが、まず具体例があったほうがイメージが湧きやすいと思いますので、私の身近にいるTakramで働くメンバーの例を2つ挙げてみます。

一人目、Takramのデザインエンジニアの神原啓介は、大学でコンピュータサイエンスを学び、卒業後は研究者を経て、ウェブエンジニアとしてスタートアップで働いていました。そんな彼がTakramに入ってきて最初に担当したプロジェクトは、ＮＴＴドコモのdトラベルというモバイルサービスの企画、ＵＩ設計／デザインでした。最上流の企画フェーズから下流のＵＩ設計まで長期にわたるプロジェクトで、ウェブエンジニアとしてのスキルだけではカバーできない領域もありましたが、他のメンバーのサポートも得ながら、仕事をこなしていきました。

次に担当したのは、某メーカーのIoTプロダクトの企画／デザインです。彼にとっては、ソフトウェア領域からハードウェア領域への大きなジャンプです。この時点で彼のハードウェアの知識は皆無。もちろん、ひとりでやらせるわけではなく、先輩のデザインエンジニアも一緒にプロジェクトに入って、ハードウェアのデザインコンセプトの作り方からプロトタイプの作り方まで細かいノウハウを伝えていきました。彼は非常に飲み込みが早く、プロジェクトが終わるころにはハードウェア製品の仮説づくりの流れを理解できるようになっていました。

続いて担当したプロジェクトは羽田空港のラウンジ設計です。ソフト、ハードときて、空間です。メインデザイナーではなかったとはいえ、空間デザインや建築で使われる専門用語も分からない状態からのスタート。一般的に考えれば、乱暴なアサインメントですが、空間の効果的なプランニングは、ウェブサイトのUX設計と概念的に近い部分があります。ウェブエンジニアの専門性を手がかりにしながらの越境でした。

面白いエピソードがあります。空間デザインをするときはまず平面レイアウトを決めないといけません。その叩き台となる基礎計画を彼に依頼しました。すると彼はＣＡＤ（図面を描くためのソフトウェア）ではなく、自分が使い慣れたAdobe Illustratorを使って、ウェブのワイヤーフレームを書くような作法で平面図を描いたのです。

斬新だなと思いながら眺めていましたが、後日「できました」といわれて見せられた図面が動線計画やオペレーション動線までしっかり考え抜かれた素晴らしい出来だったので、さらに驚きました。

「いいね、これ」と私がいうと、「意外とウェブデザインって応用利くんですね」と照れ臭そうに彼は笑いました。私は続けて訊きました。

「ところでさ、この図面、寸法が入っていないんだけど」

「え？　あ、寸法の単位がピクセルのままになってますね……」

彼は空間をメートル単位ではなく、ピクセル単位（！）で計画していたのです。

そんな笑い話もありましたが、彼は短期間のうちにプロジェクトを通して建築家と一緒に動き、空間デザインのイロハを学びました。その後、彼は物流のシステム設計にアサインされましたが新分野への挑戦はもう馴れっこです。相変わらず新しい知識を貪欲に学んでいます。

彼がTakramに入社して5年ほどです。ハイレベルにＵＩ設計ができ、ハードウェアについてもエンジニアと会話ができるレベルの理解があり、さらに空間についての知見があるような人間はなかなかいません。たとえば、スマートリテールのような新しい分野をゼロから検討するには、彼のような人材が欠かせません。


もうひとり、例を挙げます。Takramでディレクターを務める櫻井稔はもともと美術大学の出身ですが、独学で高いソフトウェア技術を獲得したデザインエンジニアです。ＵＩ設計をプロジェクトで担当した後に、政府のビッグデータの可視化プロジェクトを担当しました。当初、彼をはじめとするTakramのデザインエンジニアリングのチームは、ビッグデータの専門家集団ではなかったのですが、果敢にプロジェクトに取り組んでいきました。

彼を中心とするチームは、精度は低いものの、アイデアがちりばめられたスケッチを何十種類も描いていきました。そして、政府の人たちとディスカッションをしながら、2ヶ月ほどで、全体像がイメージできるプロトタイプを作り上げてしまいました。このプロトタイプを政府の大きな会議で発表したとき、会議室は興奮で包まれました。このプロトタイプは、各省庁や政治家、ステークホルダーの企業にプレゼンテーションされ、短期間での合意形成に大いに力を発揮しました。私と彼は政府や政治家に対する説明にも駆り出され、プロトタイプが持つ破壊力を生々しく実感したものです。

彼が面白いのはその後です。その後、事業計画や量産プロダクトのコンセプトづくり、はたまた企業のブランディングなど、旺盛な好奇心を発揮して、様々な領域の仕事にチャレンジをしています。まさに典型的な越境人材です。

もちろん、こうしたプロジェクトは誰にでもできるわけではありませんし、周囲によきメンターがいるからこそ、短期間で成長できたということでもあります。彼らにもともとセンスが備わっていたことも事実です。ただ、インターネットやデジタル環境の進歩によって、やる気になればたいていのことはひとりでできてしまう環境が整ってきていると、彼らを見ているとつくづく感じます。

ここで紹介したふたりはエンジニアリングやデザインの出身ですが、もちろんビジネス出身者がデザインやテクノロジーを学んでもよいのです。あくまでも複眼的な思考と実践ができるようになることが目的ですから、自分の知らない領域のことを、自分のペースで学び続けることが肝心です。

越境人材を育てるシンプルなルール

Takramの人材育成方法にはシンプルな指針があります。それは、**「片足を自分が安心できる得意な領域に置きながら、片足は新しい分野に踏み出して、探り探り進んでもらう」**ということ。「二足歩行型の越境」とも呼べる考え方です。こうやって一歩一歩「越境」を重ねていくことで、複眼思考が自然と身についていきます。

マネジメント寄りの話になってしまいますが、「二足歩行」を実現する決め手は**「仕事の割り振り」**です（図8）。Takramではどんなプロジェクトも基本的に1人のプロジェクトリーダーを3〜4人のメンバーが囲む形をとります。肝となるのはその人選で、メンバー

図8　越境人材を育てるナレッジチェーン

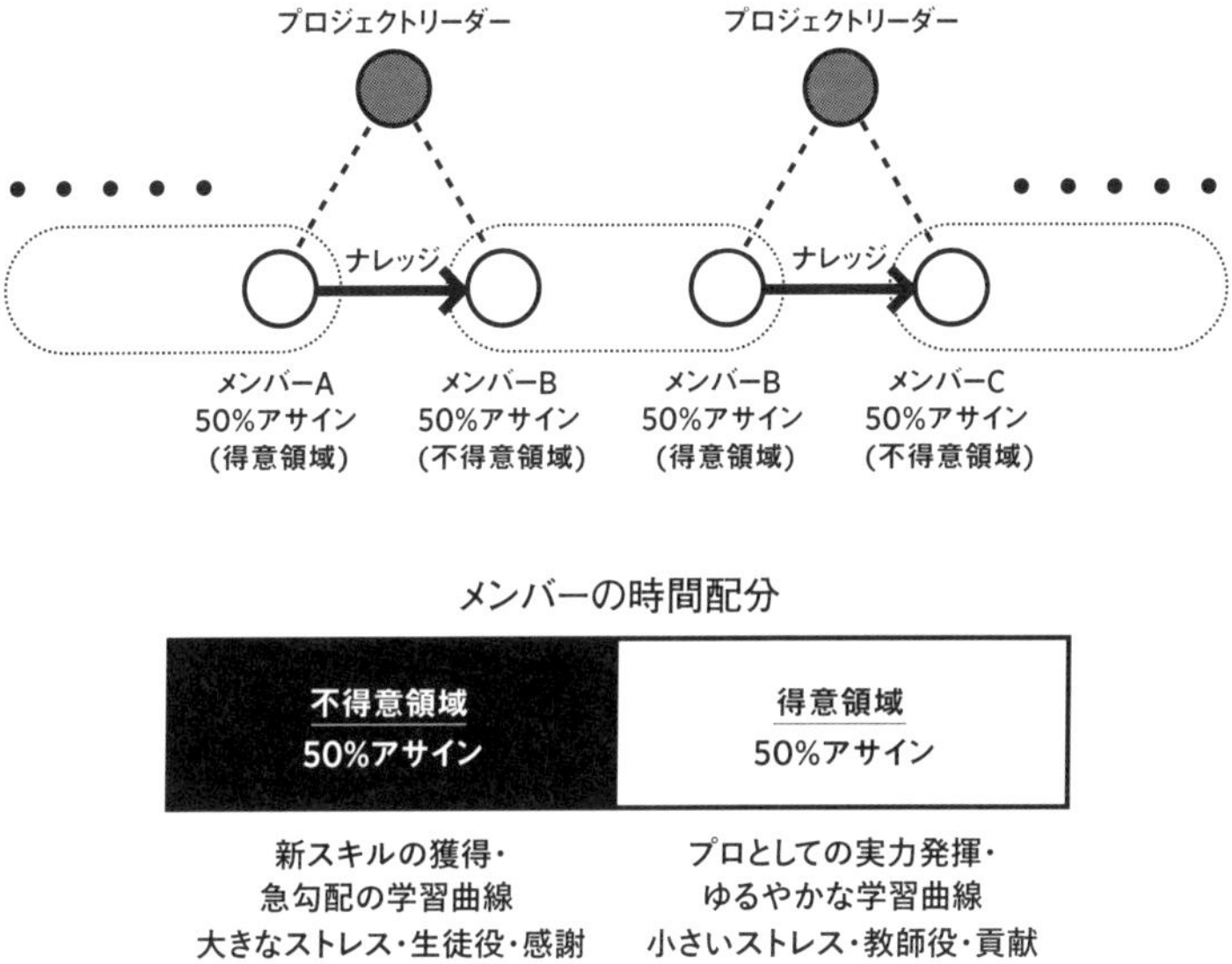

メンバーは得意領域50％＋不得意領域50％でアサイン。
ナレッジチェーンが知識・ノウハウを組織内に自動浸透する仕組み。

の仕事時間のうち半分は自分の得意領域、半分は不得意領域を担当するように調整するのが理想です。

得意領域を半分残すのは、100%未知の領域で仕事を埋め尽くしてしまうと、プロジェクトの中で自分が役に立っている感覚が全く味わえないからです。新卒社員が社会人1年目で味わう、あの無力感です。未知の領域では、新しいスキルの獲得や、スピード感のある成長による充足感もありますが、ストレスもそれだけ大きく、その状態が長期間続くと、精神衛生上好ましくありません。だから時間の半分は自分が得意な領域で、活躍したり教えたりする立場になってもらい、会社に貢献している実感を維持してもらうのです。そのような安全ゾーンを半分残すことで、もう半分の時間を積極的なチャレンジに割いても、精神的に参ってしまうような状況を回避することができます。

このような50：50のアサインを組織全体で実施することで、チームの中で自然と各自のナレッジがシェアされていきます。たとえば午前中はグラフィックデザインが得意なAさんがBさんにグラフィックデザインを教える。午後になると今度はBさんがCさんに自分が得意なコーディングを教えている。そんな具合です。

こうした組織内のＯＪＴによる知識やスキルの連鎖を**「ナレッジチェーン」**と呼んでいますが、メンバー全員をバランスよくチェーンでつないでいくと、放っておいても各自がお互いのナレッジを交換し合っていきます。すると数年のうちに幅広い知識を持ったフルスタック型人材が次々と生まれるようになっていきます。

一般的には、チームを作るときは各自の得意分野に専念してもらうのが常識です。組織的には、専門領域に特化した部門を複数作っていき、部門間の役割分担を明確にします。やるべきことをはっきりさせて、その実現や維持に向かってオペレーションを組み立てる。これが事業をスケールさせていく局面でのセオリーです。

しかし、そもそも何を作ればよいのかがはっきりしていない事業立ち上げの局面では、この分業がイノベーションのボトルネックとなります。「今回はたまたまエンジニアリング部隊がマーケティング部隊に勝利したからこういう仕様にできました」といった具合でモノづくりをしていると、ろくなものが生まれません。いいプロダクトを、しかも新しい切り口で作るということを目的と考えるならば、サイロ化した組織は逆に非効率なのです。

イノベーション人材のための学びの場

ＢＴＣ型人材になるポテンシャルを持っているのに、成長する場を与えられない社員が多い職場を見ると、とても残念な思いがします。何かひとつのことを極めることが性分に合っている人ならそれはそれで全く構わないのですが、もしそうではなく、「統合」や「イノベーション」という言葉に心が少しでも動く人は、それが実現できる環境を探したほうがよいでしょう。

私もよく学生から進路についての相談をされますが、そんなときに真っ先に薦めるのはスタートアップ企業です。**自らスタートアップを起業するか、できるだけアーリーステージの企業にジョインすること。これが最短距離でＢＴＣ型人材に成長する方法だと思います。**

なにせスタートアップはビジネスモデルもプロダクトも信用力もリソースも白紙のところからはじまります。最初はひたすら「足す」作業しかありません。ユーザーの課題を徹底的に把握し、心に響くアイデアを考えてプロダクトにする。試作をしてみてダメだと思ったらアイデアを練り直して、やり直す。プロダクトの輪郭が固まったら、市場に投入する。投入後にダメだと思ったら、またイチから考え直す。**このように、ひたすら泥臭くBTCを行ったり来たりするのが事業構築の本質です。**

そもそも部門などもはっきりと存在しない状況で、皆がやれることを全力でやります。メンバー全員が考えるのはプロダクトの成功だけです。日本全体をみたときにも、イノベーション人材の割合を増やす道筋としては、スタートアップの増加と活躍が大変重要だと思っています。

最近ではスタートアップ以外にも自社にイノベーション文化を根づかせようとしている企業は増えています。たとえばパナソニックでは現在、スタートアップで経験を積んだ人や海外人材を積極的に中途採用で迎え入れて権限を与えるなど、自己改革をすすめています。メーカーなどから派遣されて海外のデザインスクールに留学する日本人も、今後は増えるかもしれません。

28歳で経営者になったソニーのエンジニア

大企業の社内ベンチャーでもやり方次第でＢＴＣ型人材は育ちます。「やり方次第で」とわざわざ条件をつけたのは、形だけのオープンイノベーションで終わっている例が少なからず存在するからです。

ゼロから事業をつくるのに欠かせないのは本気度であり、情熱です。人生の大半を投入するくらいの真剣さや粘り強さがなければ新規事業はまずうまくいかないし、ＢＴＣ型人材も育ちません。よってオープンイノベーションも責任者にしっかりとインセンティブを与え、本社のしがらみからできるだけ切り離し、そのかわり「お前、成功するまで帰ってくるなよ」というくらい腰の入ったものが理想です。

ＢＴＣ型人材育成の成功事例として、ソニーが行ったオープンイノベーション型のプロジェクトがあります。きっかけとなったのは、Takramメンバーとソニーのメンバーの混合チームで行ったハッカソン（エンジニアとデザイナーの混成チームを複数作り、チームに分かれてプロトタイピングを競うイベント）です。そこで生まれたひとつのアイデアがもとになって事業化が決まり、将来性を評価されてソニー本体からのスピンオフが決まりました。

ambie（アンビー）という名前のスタートアップで、ベンチャーキャピタルのWiLとソニーの共同出資によって設立。メンバーはソニーの若手エンジニア数名とWiLから送り込まれたCEOです。耳穴を塞がない新しいコンセプトのイヤホンで、読者の中にもユーザーがいらっしゃるかもしれません（図9）。

彼らの販路開拓の仕方もスタートアップならではの展開でした。ソニーほどの大手になると製品を大量につくって家電量販店に一気に流すのが定石ですが、彼らはまずセレクトショップのビームスにコンタクトを取り、小ロットの製品を置かせてもらうことからはじめました。それはビームスの利用者が彼らのターゲットユーザー像として最適だったからです。

図9　ソニーのプロジェクトから誕生したambie

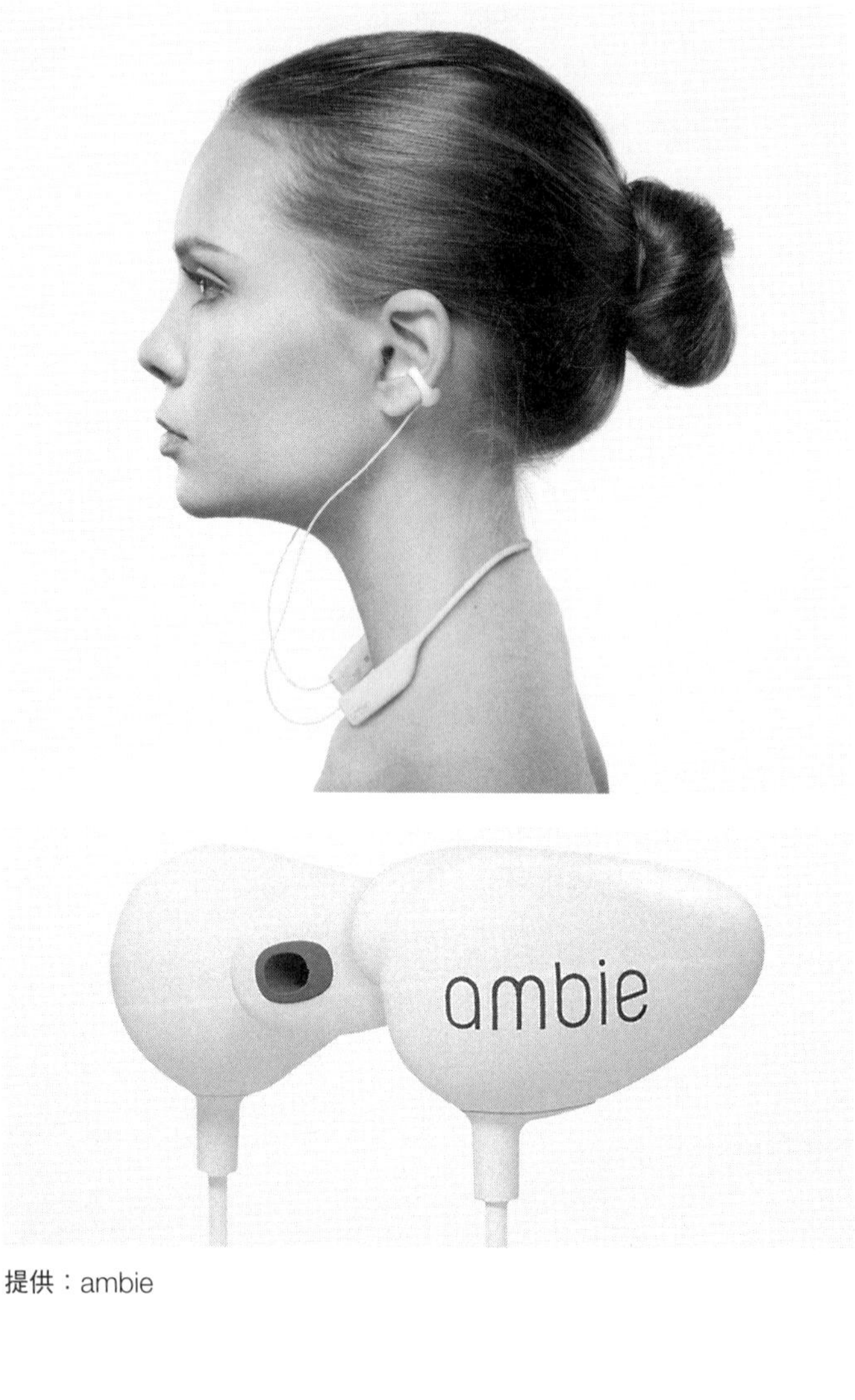

提供：ambie

最初は少量からスタートし、徐々に評判を高めて、安定して売れるようになったら「あのビームスで売れた」という実績をひっさげて量販店と交渉に入りました。ソニーブランドを冠していたら絶対にできないアプローチです。ちなみに営業の専門職などいないので、売り込んだのはエンジニアたち本人。物を1個売ることの重みをひしひしと感じたことでしょう。

ambieのプロジェクトの中心となったのは、社内公募で手を挙げた当時28歳のエンジニアです。非常に優秀なエンジニアで、デザインにも強い興味を持ち、デザインエンジニアとしての素養がありました。彼はプロのデザイナーも巻き込んで、どんどんプロダクトを形にしていきました。なにより彼に会ったときに一番感じたのは人としての魅力でした。「この人だったら手伝ってあげたい」と思わせるパーソナリティは新規事業開発で最強の武器となります。

ambieとして独立した段階で彼は小規模ではあるものの、ビジネスをひとつ任される立場になりました。しかも業務が新規事業と会社経営となれば、彼の同期たちにも大きな刺激になったことは想像に難くありません。

きっと日本も昔は若手に旺盛にバットを振らせていたはずです。しかし、いつの間にか企業に減点主義が巣食うようになり、若手に与えられるチャンスが減っていったのでしょう。でも、だからこそ、起業をする人やスタートアップに就職する人や新規事業に手を挙げる人がもっともっと増えていってほしいと思います。

チャレンジャーとして「両生類」を目指す

先日、世界的に著名なデザインレジェンドのジョン・マエダ氏がTakramに遊びにきてくれました。そのとき、**「エッジ・エフェクト」**という面白い話をしてくれましたのでここで紹介したいと思います。

太古の昔、あらゆる生物は海の中で暮らしていました。そのうち一部のチャレンジャーが海からの脱出を試みました。陸と海の両方で生存可能な両生類の誕生です。

海にも陸にもフィットしないといけない両生類は体の部品も多く、エネルギーも使うし、さぞかし不快な思いをしながら生きていたはずです。しかし、生物の進化の歴史を紐解くと、様々なバリエーションの種が多数発生したのがこの海と陸の境界線（エッジ）だったそうで、これをエッジ・エフェクトといいます。

境界線にいた生物はそこから陸地の奥深くへと領域の拡張に挑み、その多くは死に絶えました。しかし、ごくわずかな種が陸地への適応方法を見つけて爬虫類や哺乳類へと進化していったのです。

海に最適化した魚類や甲殻類からすれば境界線をうろうろする種をみて「なんでわざわざあんなところに……」と思っていたかもしれません。しかし、両生類がいなかったら生物の生存のフィールドは、海に閉ざされたまま拡張できなかったでしょう。

「だから僕は君たちのようなハイブリッドな人材を応援したいんだ」

ジョンは最後にそういいました。

いま世界で新しいことをつくり出しているのは普段からエッジをまたいでいる複眼的な

人たちです。そしてイノベーションは両生類のように基本的に多産多死です。

私はスタートアップの人たちとつき合うことが大好きですが、それはやはり彼らが自ら境界線を越境し、わざわざ不快な環境に身を置きながら未開の地への上陸を試みようとする現代の両生類だからでしょう。

組織は大規模化するにつれ、どうしてもひとつの環境の中で最適化に入ろうとして、エッジに出ていこうとしません。「エッジに行っても儲からなそう」「リスクが大きそう」と感じるからです。**しかし、次のフィールドを獲得できるのはエッジにチャレンジした人だけなのです。**

さて、ここまでビジネス環境の変化とＢＴＣ型人材の必要性について解説してきましたので、次章ではＢＴＣトライアングルを理解するために必要なデザインの基礎知識に進んでいきましょう。

第3章

BTCトライアングルとデザイン

BTCを構成する3つのデザイン

「デザイン」と聞いてどのようなイメージをお持ちでしょうか？　実は「ビジネス」と「テクノロジー」と「クリエイティブ」からなるBTCトライアングルを組織で実現するためには、3つの異なるデザインを投入する必要があります（図10）。

クラシカルデザイン（目的：Cに特化）

「デザイナー」と聞いたときに一般の方がイメージするのが「**クラシカルデザイン**」です。外見を美しく、使いやすく整えることでプロダクトの魅力を作り上げることを目的としたデザインのことです。

第1章で見たイノベーションの系譜でいえば、クラシカルデザインは第1世代である「機械の時代」に対応するために生まれました。私がフェローを務めるRCA（ロイヤル・カレッジ・オブ・アート）は1837年に設立された世界最高峰のデザインスクールですが、設立趣意書に「第1次産業革命の要請によって設立された」と書いてあります。

図10　BTCを構成する3つのデザイン

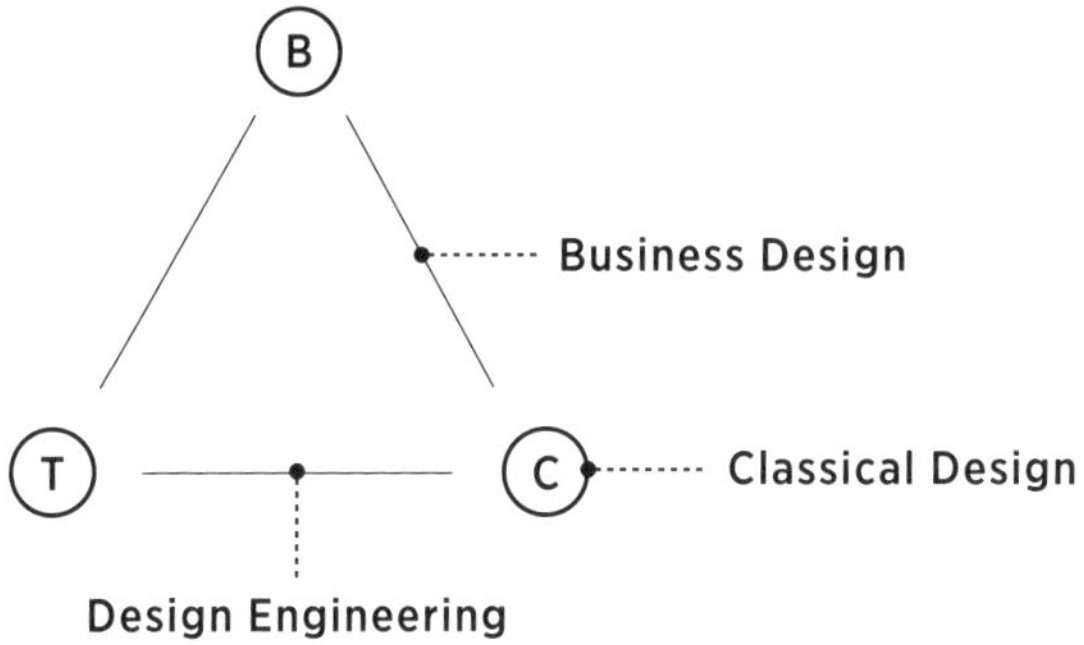

DESIGN = Classical Design + Business Design + Design Engineering

クラシカルデザインは、プロダクトデザイン、カーデザイン、家具デザイン、空間デザインなど製品設計に関与するデザインと、グラフィックデザインなどコミュニケーションに関与するデザインの2種類に大別できます。どちらも「スタイルやブランドをつくるデザイン」の担い手として、美意識をプロダクトの中に埋め込み、ユーザーから共感を集め、生活シーンに彩りを提供します。もちろん、ユーザーの購買意欲をいい意味で高めることも、クラシカルデザインの大きな役割のひとつです。

クラシカルデザインについては、世界的に見ても教育機関がしっかり整備されており、企業における組織構築も浸透しています。たとえば、Appleには25名ほどのデザイナーで構成されるプロダクトデザインチームがあり、すべての製品のデザインを担当しています。このチームは世界最強のクラシカルデザイン組織ともいえる部隊です。日本企業を見ても、ソニーやパナソニックをはじめとして、優秀なクラシカルデザイン組織を有している企業はいくつもあります。『ジョナサン・アイブ　偉大な製品を生み出すアップルの天才デザイナー』（日経BP社）やマツダの前田育男さんによる『デザインが日本を変える　日本人の美意識を取り戻す』（光文社新書）などが参考になります。

ちなみに、「クラシカル＝古い」ということではなく、歴史の中で長い期間にわたり重要な役割を担ってきたことに敬意を込めて、このような呼び方がされています。音楽の世界でも、クラシカルミュージックという言葉があり、クラシックのプレイヤーの高度な表現力やテクニックは、ジャズやポップスなどのジャンルの異なるミュージシャンからも尊敬の眼差しを受けています。それと同じような解釈と呼称だと理解するのがよいでしょう。

デザインエンジニアリング（目的：TとCの統合）

「デザインエンジニアリング」とは「T」と「C」の統合をはかるデザイン分野で、私自身が専門としている領域です。Takram のメンバーの半数がこのデザインエンジニアリングの領域で仕事をしています。テクノロジー視点とユーザー視点の両方を行ったり来たりしながら、プロトタイピングを駆使することで「課題解決のデザイン」を得意とします。

一般的なものづくりの現場ではコンセプトや意匠を担当するデザイン部門と、設計実装を担当するエンジニアリング部門が分断されているケースが多いのですが、デザインエンジニアはそれらのあいだを統合するように仕事をします。当然、デザインとエンジニアリングの両方の知識が必要となります。エンジニアとして教育を受け、実務経験を積んだ人間に、追加でデザイン教育を施し、実践を積ませることで、デザインエンジニアとして活動させるのが主なパターンです。もちろん、デザイン出身の人間が、エンジニアリングを学んでデザインエンジニアとなるパターンも不可能ではありません。

ハードウェア領域の場合には、機構設計や生産技術の部門に在籍するエンジニアの中にはプロダクトデザインに詳しい人もおり、自然とデザインエンジニア的に振る舞っている人も多くいます。また、ソフトウェア領域で活躍するUIデザイナーやフロントエンドエンジニアにも、デザインエンジニアリングに即した考え方を持っている人たちが多くいます。

デザインエンジニアリングは、クラシカルデザインに比べると新しい領域のため、教育機関の整備は十分ではありません。世界的にみれば、ＲＣＡやスタンフォード大学などがデザインエンジニアリング教育の先駆的な取り組みを行ってきました。日本ではデザインエンジニアリングをしっかりと学べる大学はまだまだ少ない状況ですが、**東京大学ではデザイナーの山中俊治教授をリーダーとする価値創造デザイン推進基盤がスタートしたり、RCAからマイルス・ペニントン教授を迎えたデザインラボが設置されたりと、少しずつ前向きな動きが出てきています。**

企業における、デザインエンジニアリングの導入は、領域ごとにまばらな状況です。たとえば、ソフトウェア企業の中にはUIデザイナーやフロントエンドエンジニアが多数在籍しているため、デザインエンジニアリングはすでに部分的には導入済みといってもよいでしょう。

一方で、ハードウェア領域においては、まだまだ導入事例は多くありません。**しかし、導入企業の中には目覚ましい効果を挙げているものもあります。**

たとえば、Dysonには数千人のデザインエンジニアが在籍しています。彼らはデザインとエンジニアリングを区別せず、一体のものとして扱うことで、イノベーティブな製品設計に取り組んでいます。日本企業では、マツダの取り組みが参考になります。マツダにはデザインエンジニアリング部門があり、カーデザインの理想と製造現場のリアリティのあいだの乖離《かいり》を埋める仕事をしています。40名ほどの部隊ですが、構成要員の半数はエンジニアリング部門の中から特にデザインに興味のある人間を集め、残りの半数はデザイン部門からエンジニアリングに興味の強い人間を集めて組成されました。また、中国企業ではドローンのビジネスで急成長しているDJIという会社が、デザインエンジニアリングに秀でた会社として有名です。

これらは、市場でも高い評価を集めるプロダクト群を生み出すリーディング企業で、デザイン活用に非常に長けた会社でもあります。こうした企業の取り組みは、日本のハードウェア企業には参考になる部分が多いと思います。『一橋ビジネスレビュー：デザインエンジニアリング』（東洋経済新報社）にも事例が取り上げられていますので、参考にしてください。

ビジネスデザイン（目的：BとCの統合）

ビジネスとクリエイティブの橋渡しとなるデザインのことを「ビジネスデザイン」と呼びます。ビジネスセンスに長けたデザイナーやデザインセンスに長けたビジネスパーソンが持っているスキル領域のことです。**ビジネスデザインも、その重心は「課題解決のため**

のデザイン」にあります。

ビジネスデザイナーに至る道は、商品企画やマーケティングで実践を積んだビジネスパーソンが、さらにデザインの知見を得て進化するパターンが一般的です。デザイナーは新しいアイデアを考えることは得意ですが、往々にして、実際のビジネスに落とし込む視点が欠けています。アイデアの魅力を保ちながら、それを絵に描いた餅で終わらせないように具体化することもビジネスデザインの役割です。特に天才マーケッターと呼ばれる人々は、ビジネスデザインの素養を持っている人が多いのではないかと思います。

私も尊敬する濱口秀司さんは、世界で活躍する最強クラスのビジネスデザイナーです。濱口さんの論文集である『SHIFT：イノベーションの作法』（ダイヤモンド社）は、ビジネスデザインを学ぶ上での本格的な良書ですので、この領域に興味のある方は、こちらもぜひ手に取ってください。

ビジネスデザインのスキルは、デザインエンジニアリングと比較しても、簡単に習得できるものではありません。なぜならユーザー視点や美意識といったデザイン視点と、ロジック重視のビジネス視点はしばしば激しく対立するからです。感性と理性のあいだを極端な形で行ったり来たりしなければならないビジネスデザイナーは、常に分裂状態と対峙する必要があります。

安易な妥協のレベルに留まっていてはいいものは生まれません。ビジネスデザイナーは、左脳的な思考と右脳的な思考を両方使って、妥協ではなく、一段高い次元での止揚を目指します。成功しているスタートアップの経営者はもれなく優れたビジネスデザインの素養を持ち合わせているように思います。

ビジネスデザインは、デザインエンジニアリングと比べても、歴史がさらに浅く、世界的に見ても教育機関が限られている状況です。たとえば、アメリカのイリノイ工科大学のサービスデザイン学科などは、数少ない優良な教育機関です。**日本では、武蔵野美術大学の中に立ち上がったクリエイティブイノベーション学科や、グロービス経営大学院の中のデザイン教育などがあります。**

ビジネスデザインを部門として持っている企業は世界の中でもまだまだ限られています

が、インターネット以降の企業では、ビジネスデザイン人材のニーズは日増しに高まっています。

Takramにもビジネスのバックグラウンドから入ってきたメンバーが増えてきています。たとえばTakramの佐々木康裕は大手商社でインターネットビジネスにまつわる仕事をしたのち、経済産業省に出向。その後、アメリカのイリノイ工科大学に留学してサービスデザインを学び、帰国と同時にTakramにジョインしました。その後、多くのデザインプロジェクトをこなす中で経験を積み、いまでは日本で数少ない実力派のビジネスデザイナーとして活躍をしています。

企業のデザイン導入のロードマップ

デザインエンジニアリングとビジネスデザインが世の中で重要視されはじめたのは、インターネットの登場以降です。両者に共通するのは、クラシカルデザインのようにデザイナーが作品性の高いプロダクトを介して「ブランドやスタイルをつくるためのデザイン」に貢献することではなく、組織全体で小刻みにプロダクトを改善していく「課題解決のためのデザイン」をメインフィールドにしているという点です。

これらの3つのデザイン領域は互いに補完的な関係にあります。つまり、どれを選択するかではなく、状況に応じて適切に重みづけをした上で導入されなければなりません。おそらく日本企業の大半はBT型企業だと思いますが、こうしたBT型をBTC型に進化させるためのファーストステップはふたつしかありません。エンジニアリングにデザインを追加する形で進める**TC型**か、ビジネスにデザインを追加する形の**BC型**かのどちらかです。

しばしば、企業にデザインだけを「C」単体として導入して失敗するケースを目撃しますが、このような方法がすぐに直面するのはBT文化とC文化のあいだの不理解や相互不信です。これでは、わざわざ難易度の高い方法を採っているといわざるをえません。

組織へのデザイン導入の難易度を下げるためには、C型のデザイナーを迎え入れつつ、エンジニアリングとの橋渡しができるTC型の人間や、ビジネスとデザインのあいだの翻

図11　企業のデザイン導入のロードマップ

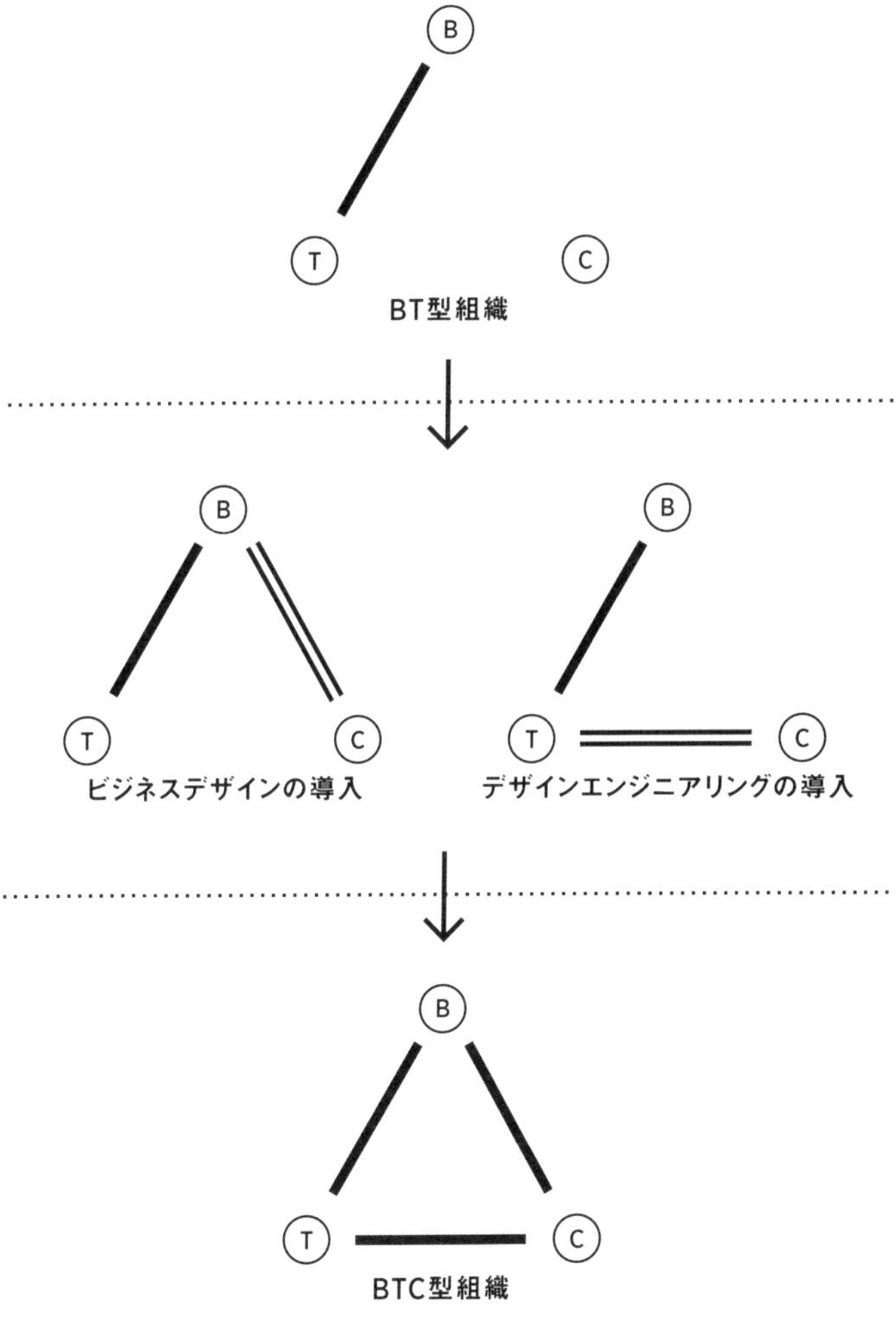

訳ができるBC型の人間を同時に入れることがポイントです。そのようにすることで、エンジニアリングやビジネスの現場の中に、デザインをうまく滑り込ませることができるようになります（図11）。

BTCとデザイン思考

ビジネスパーソンなら、デザインという言葉を聞いたらクラシカルデザインよりも先に、デザイン思考を思いつく人も多いでしょう。

デザイン思考はアメリカ西海岸で体系化され、第3次産業革命によるデジタル時代に、使いやすいソフトウェアプロダクトやサービスを生み出すための手法として重用されてきました。いまやシリコンバレーでデザイン思考を導入していない企業のほうが珍しいといってもいいでしょう。**デジタルが物理世界に染み出すこれからの第4次産業革命期において、デザイン思考の重要度はさらに増していきます。**

デザイン思考はしばしば「デザイナーのように考えるためのフレームワーク」と説明されますが、一般の方々にとってはそもそも「デザイナーのように」という表現が分かりづらく、なかなかその本質が伝わりにくい言葉でもあります。少々まどろっこしくいえば、デザイン思考とは、**「ユーザーのリアルな課題・感情・体験といった人間中心の視点を、ビジネスやテクノロジーの現場に取り込むための体系的手法」**のことです。ＢＴＣトライアングルの中では、「課題解決のためのデザイン」の担い手であるＴＣ型のデザインエンジニアや、ＢＣ型のビジネスデザイナーたちが積極的に活用する手法でもあります。

デザイン思考では「観察」「課題定義」「仮説構築」「プロトタイプ作成」「検証」というステップを繰り返しながら、仮説の精度を上げていくアプローチをとります。**もともと、コンピュータをユーザーにとって使いやすいものにするために使われたプロトタイピングの方法論に、より汎用性を持たせたものがデザイン思考です。**デザイン思考についてはＩＤＥＯのティム・ブラウンによる『デザイン思考が世界を変える』（早川書房）という本に詳しく解説してありますので、こちらもぜひ手にとってみてください。

ところで、ゼロイチのアイデアを生むための手軽な手法としてデザイン思考ワークショップが開催されることがあります。参加者は主催者からふせんを渡され、アイデアでホワイトボードを埋めていきます。「おもしろいアイデアが出たね」と達成感を覚えながら、意気揚々と帰路につく――。しかし、実際にはこのような単発的取り組みが、本格的なイノベーションにつながることは稀です。

デザイン思考は組織全体で長期にわたって取り組んで、はじめてその効果を得ることができます。デザイン思考の本質は、人のリアルな課題や振る舞い、感情の動きなどを高い解像度で捉え、それを構造化した上で、プロトタイピングを通して課題解決の方法を模索することです。模索とは単にひらめきを待つことではなく、ユーザー視点から得た学びをビジネス面、テクノロジー面の合理性にぶつけながら、「ああでもない、こうでもない」と長期にわたって、すり合わせをしていくことです。それを粘り強く続けてはじめて一般の人々から支持されるソリューションが少しずつ育っていくのです。

旧来のビジネスでは「B」と「T」が結合すれば品質のよいプロダクトを作ることができました。そもそも、B型人材とT型人材は、どちらも抽象思考、つまり数字やロジックを共通言語として扱う訓練を受けているため、互いの理解がそれほど難しくはありません。しかし、ユーザーの具体的な振る舞いや感情はオフィスにこもって仕事をしていても全くわかりません。オフィスの中のミーティングで語られる抽象思考はユーザーに関しては全て空想です。デジタル時代の到来で、ビジネスパーソンやエンジニアが受けてきた抽象思考のトレーニングが、ことデジタル時代の体験設計においては逆効果を生む場面が増えてきたのです。

この副作用を中和するにはバランスのよいプロセスが必要で、それを下支えするのが人間中心を掲げるデザイン思考です。ビジネスパーソンやエンジニアがデザイン思考の基礎を身につけることで、デジタル時代の課題解決や体験価値を組織一体で作り上げていくための土台を得ることができるのです。

デザイン思考の得意・不得意

このように、デザイン思考が得意とするのは、人間中心思考で取り組む課題解決型のイノベーション、そしてチームワークの土台の提供です。特に大きな組織で、デジタルを介した課題解決に取り組むための手法としては、他では代替が利かないほどの効果があります。

もちろんデザイン思考は万能ではありません。たとえば、起業家やイノベーターが着想する「もともとのアイデア」や「なぜ、それをやるべきなのか」といった強いビジョンやＷＨＹの部分については、非常に個人的な体験や生い立ちなどによるものが多いことが分かっており、そのような着想は、デザイン思考のプロセスを教科書どおりにたどることから簡単に出てくるようなものではありません。

そのため、アイデアのコア部分やビジョンと呼べるようなものを、デザイン思考プロセスで生み出そうとすることは、難易度の高い作業をわざわざやるようなことになってしまい、あまりおすすめできません。この点については、佐宗邦威さんの『直感と論理をつなぐ思考法』（ダイヤモンド社）にも詳しく書かれていますので、一読をおすすめします。

また、デザイン思考からは、クラシカルデザインが提供するような、圧倒的な美しさやオリジナリティの高い世界観は出てきません。一般の方々がデザインに期待する「センス」や「スタイル」のようなものはデザイン思考は一切提供しないのです。これも、デザイナーではない方々にとっては、意外に思われることなのかもしれません。

つまり、デザイン思考は「ブランドやスタイルをつくるデザイン」の手法ではないのです。たとえば、ブランド構築を行う場合には、レベルの高いクラシカルデザインの力が求められます。そのような場面には必ずチームに、クラシカルデザイナーを招く必要があります。

デザイン思考の不得意な部分を二点、切り出しました。この得意・不得意をきっちり見極め、場面に応じて使い分けたり、組み合わせたりすることがデザイン思考の力を活用する上では大切です。

「I派」と「We派」から見るデザイン史

さて、ここでやや専門的な話になりますが、簡単にデザインの歴史を振り返ることで、BTCで用いられるデザインの3領域、「クラシカルデザイン」「デザインエンジニアリング」「ビジネスデザイン」について、さらに理解を深めていきましょう。

デザインといえば長年、クラシカルデザインのことを指していました。第1次産業革命によって大量生産が可能となり、世の中に安価で粗悪な商品があふれました。その反動として起きたのがイギリスを機とするアーツアンドクラフツ運動（美術工芸運動）。その過程で生まれたのがデザインという領域です。

アーツアンドクラフツ運動を牽引した「デザイナー」の出自は、アーティスト、工芸職人、建築家などでした。そこでは、これらの作家とも呼べるクリエイター達が、氾濫する低品質の大量生産品のデザイン改善に取り組みました。この運動を起点に、プロダクトデザイン、インテリアデザイン、カーデザイン、グラフィックデザインなど多様なデザイン分野が生み出されました。

これらクラシカルデザインの各領域が共通して重んじるのは、デザイナーの作家性、完成品の「作品」とも呼べる審美性です。つまり、重きがおかれるのはデザイナーが提示するオリジナルで完成度の高い世界観であり、作品には個人名が紐づいています。こうした個人の力に強く依存するクラシカルデザインの成り立ちを、ここでは「I派（私派）」と呼ぶことにします。

それがコンピュータの時代に入り、それまで「I」だけだったデザインの主語に「We」が加わりました。作り手の個性よりもユーザー視点や客観性を重視して、「We派（組織派）」として、よりよいデザインをしようという潮流のことです。

かくしてヨーロッパ主導の「I派」と、アメリカ西海岸主導の「We派」が併存する状

況が生まれました。

「Ｗｅ派」の確立に一役買ったのはＩＤＥＯをはじめとするアメリカ西海岸のデザインファーム群でした。ＩＤＥＯはデザイン思考の生みの親として有名ですが、その前にもうひとつ**「インタラクションデザイン」**という重要な概念をデザインの世界に生み出した立役者でもあります。

インタラクションデザインとは、システムとユーザーのあいだの関係を「インタラクション」という切り口で捉えることで、システムをよりよく設計するための方法論です。システムとユーザーの双方向のやり取りや反応、つまりインタラクションの質を高めていくことで、システムの使い勝手を上げ、ユーザーの体験を向上させることを目標とします。

システムを設計する際に、システムだけを見るのではなく、ユーザーやその周辺のコンテクストについても観察対象とするという基本姿勢は、現代となっては当たり前の考え方ですが、この概念が登場した当時は非常に新しいアプローチとして脚光を浴びました。そして、第３次産業革命、つまりコンピュータの時代のデザイン手法としてシリコンバレーを中心に熱心に活用がなされました。

たとえばハードウェアの世界では、使い勝手が悪かろうと製品として美しければいいという作品的プロダクトも多く存在しています。機能性は低くとも、飾っておくだけでうれしくなるプロダクトは、それだけで価値があります。しかし、デジタルの場合はそうはいきません。いくらコンピュータが高性能でも、ユーザが使いこなせなければただの箱です。いくらソフトウェアが高機能でも、ユーザーが使ってくれなければ、実装するだけ無駄となってしまいます。だからソフトウェアを対象とするデザインチームは徹底的に使い勝手のよさや価値の伝わりやすさにこだわります。

デザイン思考は、インタラクションデザインの発展型として、体系化されました。デザイン思考は、その対象をソフトウェアだけではなく、あらゆる人工物や課題解決に適用できるように汎用化し、人間中心的思考のアプローチを、非デザイナーの職種の人間にも扱いやすいようにプロセス化したものです。

そこでは、「デザイン」という言葉は使われているものの、「I派」が最重要視する、美しさや作り手の自己表現は、特には必要とされていません。

俯瞰してみれば、「I派」と「We派」は、それぞれ、物理世界のデザイン（建築、プロダクトデザイン、グラフィックデザインなど）と、デジタル世界のデザイン（UIデザイン、UXデザイン）に対応するために生まれたものです。

先ほどの議論になぞらえるなら、「I派」のクラシカルデザインと、「We派」のデザインエンジニアリングとビジネスデザイン、ということになります。これは「ブランドやスタイルをつくるデザイン」と「課題解決のためのデザイン」の分類と符合します。この整理を頭に入れておくことで、一言でデザイナーといっても、2種類の人種が存在しているということが理解できるようになります。**つまり、デザイナーと接する際には、その人間が、どちらの側のデザイナーなのかを見極め、コミュニケーション作法を切り替える必要があるということになります。**

デザイン界の中でも、このふたつの流派は、あまり混じり合うことがありません。それればかりか、互いの欠点に指を指すような論争もさかんに行われています。

BTCトライアングルを実現するためには、前に述べたように、「クラシカルデザイン」「デザインエンジニアリング」「ビジネスデザイン」の3つがバランスよく連動する必要がありますから、この「I」と「We」の対立構造は、BTCトライアングルの実現を目指す上での、ひとつの障害になりうるポイントでもあります。

「デザイン経営」宣言が目指したもの

これからのコネクテッドの時代には物理世界とデジタル世界の融合が加速します。Pelotonのようなプロダクトを作るには、ハードウェアの設計において「I派」のクラシカルデザイナーが必要で、コンセプトメイクやサービス設計には「We派」のデザイナーも必要になります。作家性を感じるぐらい高度に洗練された「モノ」と、ユーザーに寄り添って緻密に設計された「コト」。その両方をどう包摂して、どのような新しい地平にいくかというのが、BTCの実現におけるチャレンジでもあり、今日のデザイン業界のアジェンダでもあるのです。

「デザイン経営」宣言を固める議論の中でも、デザインの効果を「ブランド構築のためのデザイン」と「イノベーションのためのデザイン」という二軸で整理することで、全体を統合的に考えることができるようになりました。**これも「I派」と「We派」が相互理解し、協力関係を結ぶためのフレームワークです。**

主観―客観、完成品―プロトタイプ、個人―組織など、「I派」と「We派」は互いに補完関係にあります。この統合こそがデザインの歴史の次のステップであり、ひいてはBTCモデルの実現を後押しすると考えています。

この「I」と「We」の統合は、私自身のライフミッションのひとつでもあり、人材育成や普及活動の取り組みを行っています。願わくは、5年後には「両方の気持ちが分かります」「両方できます」というBTC型のデザイナーたちが最先端で多数活躍していてほしいと思っています。

広がるデザインの新領域

ここまで歴史を振り返ることで、デザインの今日的状況を見てきました。デザインは時代の変化に合わせて、変容し続けています。Takramには、この変化の牽引者たちが多く在籍し、互いに切磋琢磨をしています。私とともにデザインエンジニアリング領域の実践者である緒方壽人。デザインと文学やコミュニケーションを掛け合わせるコンテクストデザインの牽引者、渡邉康太郎。ビジネスデザインの佐々木康裕。データとデザインを掛け合わせる櫻井稔と松田聖大。スペキュラティブデザインとその先を開拓する牛込陽介。その他にも、様々な切り口を持つ、ユニークな人材が集まっています。デザインを起点としながらも、他分野との越境を活発に行うことで、常に時代に即した新しいデザインアプローチを模索する開拓型の人材たちです。

Takramでは、このような新しいデザイン領域について、自らの考え方や方法について、広く公開をしています。その一環として行っているのが「Takram Cast」というポッドキャストです（https://cast.takram.com/）。

Takram のメンバーが「デザイン」「テクノロジー」「ビジネス」「文学」などの話題を幅広く展開するポッドキャストで、毎週月曜日に2本のペースで公開しています。無料で聞くことができるものですので、ぜひこちらも参考にしていただければと思います。

第4章

BTC型人材への
ファーストステップ

BTCへの入り口

ＢＴＣ型人材となるためには、究極的には「ビジネス」「テクノロジー」「デザイン」の3領域に知識と経験を持つ必要があり、その達成には相当の時間とエネルギーを必要とします。それは、あまりにも遠い目標のように感じられるかもしれません。目指す山の頂点がＢＴＣだとしても、入り口と道順はさまざまです。この章では、「エンジニアリング」と「ビジネス」という登山口からＢＴＣの山頂を目指すための、中間目標と最初のステップについて解説してみようと思います。

エンジニアリングからの入り口

自分の専門性がエンジニアリングにある人は、まず、デザインの理解を深めることで「デザインに理解の深いエンジニア」を経由し、その後**「デザインエンジニア」**に至る道を目指します。そしてデザインエンジニアとしての経験を経由した後、ビジネスリテラシーを身につけることで、ＢＴＣの山頂を目指します。

エンジニアリングと一言でいっても、その裾野は広大です。ハードウェアとソフトウェアという切り口で分類しても、その中には無数の領域があります。自分のホームグラウンドである専門領域から、あまりにも距離の遠いスキルを設定してしまうと、学習効率が下がってしまいますので、まずはエンジニアリングとデザインの中間にあるスキルを習得していくのがおすすめです。

具体的には、プロトタイピングのスキルを身につけることからはじめます。ハードウェアとソフトウェアでは、プロトタイピングに必要となる手法やツールは全く異なりますが、目指したいのはアイデアとテクノロジーを、ユーザーにぶつけて確認できる試作レベルのものづくりを、自分自身で実行できるようになることです。プロトタイピングの種類を、その目的から乱暴に分類すると、次のような3種類となります。

①　考えるためにつくるプロトタイプ
②　改善するためにつくるプロトタイプ
③　人に物事を伝えるためにつくるプロトタイプ

ソフトウェアにしてもハードウェアにしても、プロトタイプを自在につくれるようになることで、デザインエンジニアに一歩近づくことができるようになります。プロトタイプがつくれるエンジニアは、プロのデザイナーと協業する機会が多くなりますし、自分のつくったプロトタイプをユーザーテストにかけることで、自然とユーザー観察などの人間中心的なアプローチについての経験を積めるようになっていきます。このプロトタイピングの手法については、後ほど詳しく解説します。

Takramに在籍しているデザインエンジニアたちも、ほぼ全員がプロトタイピングの経験を積むところからキャリアをスタートさせています。ＲＣＡのデザインエンジニアリング学科でも、プロトタイピングの手法については重点的なトレーニングが実施されています。

このように、エンジニアからＢＴＣを目指すためには、まずはプロトタイピングを自分のものにするところがスタートになります。

ビジネスからの入り口

自分の専門性がビジネスにある人は、デザインについての理解を得て「デザインに理解の深いビジネスパーソン」を経由し、**「ビジネスデザイナー」**に至る道を中間目標として目指します。そしてその後、テクノロジーのリテラシーを取得して、ＢＴＣの山頂へと至ります。

エンジニアリング同様に、ビジネスと一言でいっても、その裾野はさらに広大です。戦略からマーケティング、財務・組織・管理など無数の領域があります。読者の皆さんの専門性も様々だと思います。まず、一歩目として設定すべきは、ビジネス領域でありながら、比較的デザインに近い内容を扱う領域を身につけることです。具体的にはマーケティングや商品企画などが該当します。

マーケティングや商品企画などに取り組むビジネスパーソンは多くいます。このような職種の人たちは、常にユーザーのことを思い描きながら仕事をしているはずです。まずは、ビジネス領域の中でも、このようにユーザーと対峙せざるを得ない領域での経験があれば、「デザインに理解の深いビジネスパーソン」への道はぐっと身近になります。

そして、これらの分野で経験を積んだら、その後に「**サービスデザイン**」と呼ばれる領域の知識を身につけることをおすすめします。サービスデザインは、デザイン思考の手法をさらに発展させて、具体的なサービスを作るための手法として確立されてきた分野で、空港のリニューアルなど成功事例も増えてきています。

サービスデザインの知識を、自分の仕事に活用できるようになれば、そこから具体的にデザインの経験を積んでいくことが可能となります。サービスデザインを実施するためには、ユーザー観察やプロトタイプを用いた検証が必要となりますので、自然とデザイナーやデザインエンジニアとの協業が必要となります。これら異分野のプロフェッショナルと一緒にプロジェクトにのぞむ経験を積むことで、デザインマインドが少しずつ育っていきます。

このように、マーケティング／商品企画からサービスデザインへの流れは、ごく自然にビジネスデザイナーにシフトしていくための道筋となります。

まずはリテラシーからはじめよう

エンジニアリングとビジネスの登山口から、中間地点を目指す道順について解説をしました。しかし、ここで疑問が湧きます。

「ひとつの専門性を追っていくだけでも大変なのに、2つ目にどの程度時間が割けるのか？　どのレベルを目指さないといけないのか？」

たしかに、スキルレベルで長期間にわたり複数分野を追いかけるのは大変で、継続不能ではないかという気分にもなります。

そこで、まずはハードルを下げて考えていきましょう。BTCの思想でいえば、最終的にはチームワークでそれを実現できれば、それでも全く構いません。分業やサイロによる悪影響を回避して、ユーザーに向き合ったものづくりが組織的に展開できれば、それでよいのです。つまり、複数の専門分野のあいだのコミュニケーションがなめらかに行える状況の実現が大切ということです。**その意味では、第二の専門分野については「スキル」というレベルではなく「リテラシー」というレベルを目指すのでも構いません。**

「ひとつの専門性」＋「もうひとつ他の分野のリテラシー」で最初の目標設定はよいのです。リテラシーというレベルなら自分にもできるかもしれないと感じる方も多いのではないでしょうか。まずは、リテラシーのレベルからスタートし、時間をかけて経験を積んでいくことで、最終的には、その道のプロフェッショナルとも互角に議論を展開できるレベルを目指してください。

「n＝1」のデザインリサーチ

ここからは、エンジニアにとってもビジネスパーソンにとっても、クリエイティブへの越境を進める上で役に立つ考え方や初歩的なアプローチをいくつか紹介していきたいと思います。最初は、ユーザーリサーチの手法について紹介しましょう。

皆さんは、新しいプロダクトやサービスを考えるときに、どのような方法でユーザーについての理解を深めようとしますか？　世の中では様々な手法が用いられていますが、一般的なマーケティングリサーチ（市場調査）では、「n数」が数百から数万のリサーチを基本とします。n数とはサンプル数のことで、2万人なら2万人に対してアンケートや行動履歴をとって、その回答結果を統計的に捉えて戦略を練ります。さらに最近は、ビッグデータの活用も進んでおり、ユーザー行動を緻密に分析し、その背景に潜むメカニズムを理解することもできるようになってきました。

一方、デザイナーたちが行うのが、「n＝1」のリサーチです。ｎ数を多く取る定量調査に比べると、リサーチの内容は「現場」「現物」「現人」を、観察やインタビューで深掘りしていくタイプのものです。見たいものを見る、聞きたいことを聞くのではなく、ユーザーや環境を取り巻く様々な要素のすべてを、ありのままに情報としてインプットしていきます。

また情報だけではなく、その背景にあるコンテクストやストーリーについても、掘り起こしていき、状況を単純化せず、複雑なまま理解するように努めます。このようなリサーチを行うことで、解像度の高い、そして細かい気づきを大量に含んだ内容を、結果として獲得することができます。画一的に初期設定された質問によるアンケート調査では到底得られない、ある意味生々しい内容に触れたとき、プロジェクトチームの中で様々な課題解決のアイデアや、オリジナリティの高いアイデアを着想しやすくなります。

n＝1で深く観察するためには、観察対象数を絞る必要があります。そのため、「仮にそこで有望そうなアイデアが得られたとしても、それがどれだけの普遍性を持つのか？」という疑問も当然湧いてきますが、その点については、プロトタイプで確認していけばよい、もしくは、途中段階で定量調査をかけて確認すればよい、と割り切って、仮説ドリブンで進めていきます。

以前、Dysonの創業者であるジェームズ・ダイソン氏と話をしていたとき、Dysonのヘアドライヤーの開発秘話を聞きました。Dysonのイノベーションチームが、新しいヘアドライヤーを検討する際、まずやったことは、ロンドンのヘアサロンに企画のコアメンバーたちを一ヶ月間、修業に出すことでした。ヘアサロンで行われる仕事を実際に自分たちで体験してみることで、生々しい使用現場のリアリティを沢山体験するのです。たとえば、サロンの従業員は一日に何回くらいドライヤーを使っているのか、ドライヤーはどのような状態で、どこに保管されているのか。引っ掛けられているのか、引き出しにしまわれているのか。ケーブルは邪魔になっていないか。そもそも、ドライヤーが使われる前後には、どのような作業が存在しているのか。

こういった解像度の高い情報は、現場にしかありません。きれいにグラフ化され、抽象化されたレポートなどから、そのような細かい気づきを得ることはできません。企業によっては現場観察を外注して結果だけを文字で読んで分かった気になっている人々も多くいますが、それは発想の貴重なタイミングをわざわざ明け渡しているようなものです。

Dysonのチームは、このような現場の濃密な体験を共有し、高い解像度でユーザーの理解を深めた後に、設計コンセプトの構築に取りかかったそうです。Dysonはその高い技術力が注目されやすい企業ですが、**Dysonの製品群が世界を席巻しているのは製品開発におけるn＝1の観察力、つまりデザインの力が土台になっているからです。**

Airbnb（エアビーアンドビー）のサービスの設計思想はn＝1の観察とビッグデータ分析のハイブリッド型です。創業メンバー3人のうち2人がデザイナーであることからも、Airbnbがいかにデザインを重視しているかが分かります。右脳と左脳をハイブリッドに組み合わせることで生まれる、ユニークでありながらバランスの取れたサービスが特徴です。デザイン視点のリサーチメソッドについては、日経デザイン編纂による『デザイン・リサーチ・メソッド10　未来を描き出す、最強の発想法』（日経ＢＰ）なども参考になりますので、手にとってみてください。

このｎ＝１のリサーチ手法は、エンジニアにとってもビジネスパーソンにとっても、比較的実行しやすく、かつ、すぐに威力を体感することができるため、入り口でのスキルとして、ぜひ身につけていただきたい内容のひとつです。

プロトタイピング入門の入門

「エンジニアリングからの入り口」の項でも述べましたが、**プロトタイピングは、デザインをＢＴＣモデルで実行するための重要な手法です**。プロトタイピングの効能はすでに広く知られるようになっていますが、世の中を見渡せば、その基本的なプロセスを経ないままプロダクトやサービスがリリースされ、いわば市場を使った壮大なユーザーテストを行っているような状況も、いまだに多く見受けられます。

新規のビジネスやプロダクト開発は、「まだ世の中で証明されていない価値を生み出す」仕事ですから、基本的に仮説主導型になります。プロトタイプを使った検証と磨き込みを経ていない仮説は、たとえ、その幹の部分が正しいとしても、ディテールの部分にアラが多く、それらのアラが障害となって、マーケットで失敗することが非常に多いのです。

新しいプロダクトを旅客機にたとえるなら、仮に初期仮説として「エンジン」＋「翼」＋「胴体」の組み合わせで、船のようなサイズの物体を空に飛ばせるはずだ、と思いついたとしましょう。その発想自体は正しいですが、実際に旅客機を飛ばすためには、離陸・着陸・操舵・その他の諸々の機能を成立させるために、「エンジン」「翼」「胴体」の他に、少なくとも10～20個の主要部品がさらに必要であることが分かります。つまり、大きなアイデアが実際に動くためには、その周辺に群としての小さなアイデアが多数必要である、というのがリアリティなのです。

そして、このような群としてのアイデアの最小構成がどのような組み合わせのものであるか。それをプロトタイピングを経ずして確認することは難しいのです。そのようなこともあって、ハードウェアにしてもソフトウェアにしても、マーケットに投入する前に、プロトタイプを使ったブラッシュアップを行うことは、イノベーションに取り組む人々にとっての基本姿勢となります。

プロトタイピングについては、細かく分けていけば無数の手法が存在しますし、ハードウェアとソフトウェアによっても、実施する内容は異なってきます。興味をお持ちの方は、ぜひ別途専門書を入手して深く学んでほしいところですが、ここでは、プロトタイピングの中でも、よく使われている手法を次の6種類に分けて解説してみましょう（図12）。

①　アイデアを最小限の時間で目に見える形にする「**スケッチ**」
②　あり合わせの素材を組み合わせて作る「**ダーティプロトタイプ**」
③　テクノロジーの機能性を確認するための「**テクニカルプロトタイプ**」
④　プロダクトの外観やスタイルを検証するための「**コールドモックアップ**」
⑤　ほぼ製品と同じ機能性とルックスを実現した「**ワーキングプロトタイプ**」
⑥　現時点で実現不能なビジョンを示すための「**ビジョンムービー**」

図12　6種類のプロトタイピング

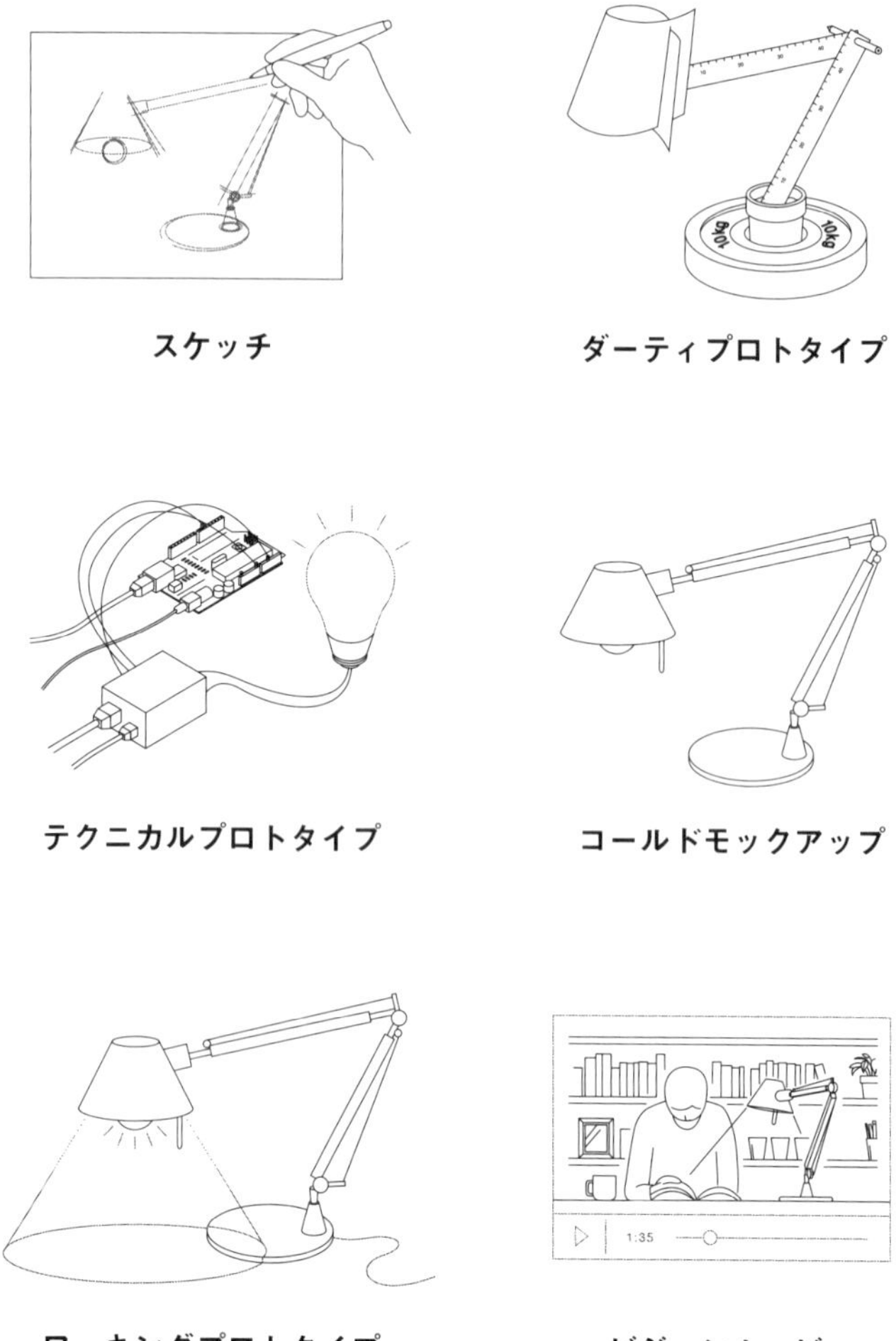

【スケッチ／ダーティプロトタイプ】

スケッチはもっともコストが低く、速いスピードでアウトプットできる手法です。ハードウェアのエンジニアは立体を扱うため、日々の仕事でスケッチを描くことも多いのですが、それ以外のビジネスパーソンやエンジニアにとっては、スケッチを使うことは、あまり馴染みがない方法なのではないかと思います。

スケッチは自分の頭の中にあるイメージを外に出力する方法です。アイデアを自分の目で確認し、また、それを他人に伝えるために行います。ハードウェアや空間だけではなく、ソフトウェアを考える際にも、ＵＩのワイヤーを描いたり、ＵＩのスケッチを手描きで行ったりすることは、コストも低く、広く使われている方法です。簡単なトレーニングを積めば、誰でもアイデアを伝えるためのスケッチを描くことはできるようになります。プロトタイピングという側面でいえば、プロのデザイナーが描く美しいスケッチは必要ではありません。自分の考えていることを伝えられればよいと割り切っていくほうが実際的です。下手でもよいから、会話の中で、常にペンを持って、しゃべりながら沢山描いていくのがいいでしょう。実際には世の中で活躍するスターデザイナーの中でもスケッチが全くもって下手である人も多くいます。ですので、ぜひここは安心して、下手なスケッチでよいのでコミュニケーションに活用してください。

それでも、どうしてもスケッチを描くのが苦手な人は、Googleのイメージ検索などを使って、自分の頭の中にあるイメージに近い画像をネットから探してきて、それを見せながら解説してしまうという方法でも構いません。要するに、言葉という抽象的情報伝達だけに頼らず、視覚を用いた空間的・物体的・具体的情報伝達を組み合わせることで、自分が考えていることを常に「抽象と具体」のセットとして伝えましょう、ということです。

スケッチが最もスピードの速いプロトタイピング手法ですが、紙や段ボール、発泡スチロール、たまたまその場にあった文房具などを使って、ササッとつくる**ダーティプロトタイプ**も、時間のかからない手軽な方法です。**ラフでも構わないので、アイデアを即座に立体にすることによってアイデアを人に伝え、磨くことができます。**

【コールドモックアップ／テクニカルプロトタイプ】

コールドモックアップは、最終製品の形や大きさ、色や質感などを確認するためのプロトタイプで、実際に機能はしないものの、見た目は最終的な完成形と見分けがつかないようなクオリティで仕上げるのが特徴です。ソフトウェアの世界では「コールドモックアップ」という言葉は使いませんが、画面のルックスを検討するために、代表画面のグラフィックデザインを画面サンプルとして作成したりします。

コールドモックアップは、スケッチやダーティプロトタイプを、外観面から一歩進めたプロトタイプと考えればよいでしょう。このプロトタイプでは、プロダクトを手に取ったユーザーが受け取る印象などを確認することができます。

一方、**テクニカルプロトタイプ**は技術的な実現方法を模索するためのプロトタイプで、「原理試作」と呼ばれる場合もあります。実現したい機能を、どのような技術の組み合わせで実現すれば、もっとも精度よくかつ効率的に目的を達成することができるか、トライアル&エラーを繰り返しながら見極めるためのものです。

たとえば人の動きに反応するプロダクトをつくる場合、ハードウェアとして、特殊なセンサーを使うべきか、カメラを使うべきか、カメラを使うとしたら、どのタイプのカメラを使うのか、ソフトウェア側についても、汎用的なライブラリを利用するのか、独自のアルゴリズムを構築するのかなど、目的に合わせて最適な方法を選択する必要があります。

また、物理現象を扱うようなハードウェアの場合には、そもそものアイデアが空間的・力学的に成立するか否かをできるだけ早い段階で確認しておく必要があります。テクニカルプロトタイプでは仕上がりのクオリティを気にする必要はありません。要素技術や機構が原理的に成立しているかどうかをチェックします。

【ワーキングプロトタイプ】

ワーキングプロトタイプは、見た目も限りなく最終形に近く、なおかつ実際に体験可能な状態につくり込まれたプロトタイプで、いわばテクニカルプロトタイプとコールドモックアップを両立させたようなものです。

プロダクトの全容をワーキングレベルでつくろうとすると、時間とコストが大きくなってしまうため、そのプロジェクトで実現したい体験の肝となるような一部分にフォーカスして、意匠的にも機能的にも最終製品に近い体験ができるようにつくり込む場合もあります。

ワーキングプロトタイプをつくる上で心がけたいことは、量産設計やプロダクトレベルのコーディングをいきなり行うのではなく、**あくまで課題解決の根本部分や、ユーザー体験の質をブラッシュアップするために行うということです**。たとえば、自動運転車のコックピットに搭載するナビゲーション・システムのワーキングプロトタイプをつくる場合を考えてみましょう。体験を磨くためのプロトタイピングだと思えば、必ずしも車載スペックの堅牢性や省スペース性を考慮したデバイスを用いる必要はありません。代わりに試作性や変更性の高いデバイスを用いることで、コストをかけずにさまざまな新しいアイデアを具現化し、細かいアイデアを盛り込んで仕様面の試行錯誤とチューニングを高速に行うことが重要です。

そして、プロトタイプで体験品質を突き詰めたら、その時点で、そのプロトタイプのための設計を一度捨てて、プロダクトレベルの設計や実装をゼロからスタートさせます。そのようにすることで、技術的負債をリセットした身軽な状態で、ゴール地点に向かって迷わず設計を進めていけるようになります。特に規模の大きい開発では、プロトタイプがゴールイメージを共有するためのリファレンスとしてチーム内で重宝されます。

【ビジョンムービー】

製品化に複雑で高度な設計製造プロセスが必要とされる分野では、数年先、時には5年先や10年先のテクノロジーの進化を見据えたプロトタイピングが必要となる場合もあります。想定する未来が遠ければ遠いほど、当然ワーキングプロトタイプの実現は技術的に困難になります。

そこで有効なのが、そのプロダクトやサービスが実際に利用されるシーンを映像とストーリーを使って見せる**ビジョンムービー**です。その時点でまだ実現できない技術をＣＧで表現したり、実現しようとしている未来の状況をシナリオによって分かりやすく伝えたりする手法です。

たとえば、トヨタ自動車が２０１８年に発表した「e-Palette Concept」のコンセプトムービーは、このビジョンムービーの代表例といえるでしょう。このムービーの中では、未来のモビリティサービスプラットフォームであるe-Paletteが社会に対して果たす役割が、いくつかのシナリオを用いて解説されました。

ビジョンムービーをつくることで、社内社外問わず多くの関係者たちに、ビジョンを効果的に伝えることが可能になります。これは経営者にとってとても強力な武器になります。リーダーの未来ビジョンを広く伝えるために、ビジョンムービーをつくるというケースも多くあります。

プロトタイプをどう活用するか

プロトタイプは企業の中での合意形成にも威力を発揮します。パワーポイントの資料だけでは味気なく思える内容も、プロトタイプを添えて「まずはちょっと触ってみてもらえますか」といったコミュニケーションが取れるだけで、百聞は一見にしかず、議論が一気にクリアになります。特に多忙な役員レベルの方々と短い時間で合意形成を行うことが必要な場面では、プロトタイプを最大限に活用しましょう。

このような場面で、最悪なのはいきなり長い詳細説明から入り、しかもダラダラと続けること。そのような説明では、意思決定者に共感してもらうことはまず難しいでしょう。少し上手な人は「結論↓詳細」と進めます。さらに上手な人は「結論↓詳細↓結論」というスタイル。そしておそらく一番いいのが、**「具体↓結論↓詳細↓結論」**と、最初にプロトタイプを使って体感してもらったあとに、結論を二回繰り返すことで、詳細説明をサンドイッチしてしまう流れです。

こうすると意思決定者の記憶には**「体感」**と**「ようするに（結論）」**だけが残ります。意思決定者がGOの判断を下すにはその2つが肝心で、詳細情報の説明には、「ちゃんと緻密に考えているので、そこは安心してください」ということを伝える側面が強いということを覚えておきましょう。

ビジネスパーソンが普段やっていることは基本的に記号化・抽象化とその操作です。それに慣れすぎているのですべてをそれで説明しようとしてしまうわけですが、実際には記号化・抽象化のせいで大事な本質が抜け落ちることがよくあります。有能なビジネスパーソンはそのことを薄々分かっています。その欠落部分をプロトタイプという「具体」で補完するのです。**提案の全体を「ようするに（抽象面の結論）」とプロトタイプによる「体験（具体面の結論）」の2つの組み合わせで提示するのがコツです。**

抽象と具体が正しい順番でバランスよく提示されたときの意思決定の確率は一気に上がります。ですので、ＢＴＣを目指す方には、ここぞ、というときのためにもプロトタイピングのスキルに精通してもらえればと思います。

センスを鍛える「ふせんトレーニング」

ここまで解説したｎ＝１のリサーチ（ビジネスデザインの一歩目）や、プロトタイピング（デザインエンジニアリングの一歩目）は、ビジネスパーソンにとってもエンジニアにとっても、比較的イメージのしやすい内容だったのではないかと思います。ユーザーをしっかり観察すること、試作を通じてものづくりを加速することは、ある程度、やればできる気がするのではないでしょうか。これらは多かれ少なかれ「課題解決のためのデザイン」だからです。

一方「センス」の話になるとどうでしょう。センスの話となると急に、エンジニアもビジネスパーソンも皆が苦手意識を口にします。しかし、ここを避けていては、デザインの大切なもう半分であるクラシカルデザイン、つまり「ブランドやスタイルをつくるデザイン」を扱えないままで終わってしまいます。

ではセンスという、このつかみどころのないものを、どのように鍛えていくことができるのでしょうか。そんなものは生まれつきや育った環境で決まってしまうもので、大人になってから磨くのは無理だと思う方も多いと思います。クリエイティブの世界を全く知らない方からすると「センスの習得は可能か？」という点は、デザインを考える上で横たわる大きな疑問です。

さて、まず「センス」とはなんでしょう？　読者の皆さんも言語化してみましょう。センスについては様々な解釈があります。その中でも、私自身が最も腑に落ちているのは、**「センスはジャッジの連続から生まれる」**というものです。これは、株式会社スマイルズの遠山正道さんと、good design company の水野学さんと一緒にパネルディスカッションを行っていた際に、遠山さんと水野さんが、持論としておっしゃったものです。

センスというと、漠然としたものになってしまいます。しかし、**眼の前の物事に対して「Yes／No」とジャッジをしていくことだ、と考えれば、それはぐっと身近なものに感じられてきます。**遠山さんの言葉を借りれば、**「センスのない人は、何もジャッジをしていない人」**ということになります。たとえば、日々身につける洋服などについても「なんでもいいや」と思っていれば、日々のジャッジは発生しません。ジャッジがなければ、洋服のコーディネーションについても、ちぐはぐになり、それが結果として「センスがない」という印象として外に伝わることになります。

最初は面倒だったり、違和感があったりするかもしれませんが、持ち物や身につけるもの、日々目を通すメディアや、食べるものの選択、日々の暮らしの中に「これはいい、これはダメ」とジャッジを続けることで、自然とセンスが磨かれていきます。

ちなみに、センスには絶対的な軸はありません。人それぞれの感性が濃厚に反映されますから、熟練のデザイナーのセンスも、その方向性はデザイナーによって千差万別です。ただ、共通しているのは自分の中での好き／嫌いが、一般の人よりも非常にはっきりとしているということです。センスについては水野学さんの『センスは知識からはじまる』（朝日新聞出版）という本の中にも詳しく書かれていますので、そちらも参考にして頂ければと思います。

このように「センスはジャッジの積み重ね」であるとすれば、日々、ジャッジを繰り返すことで自然とセンスは磨かれていくということになります。つまり、センスを磨くにはジャッジをトレーニングすればよいということになります。

ここで紹介する**「ふせんトレーニング」**は、このジャッジのちからを鍛えるための方法です。コツさえつかめば、毎日簡単に継続することができます。このトレーニングは、デザイナーではない方にとっても、はじめやすく継続しやすいトレーニングで、プロフェッショナルなデザイナーにとっても、さらなるレベルアップのために有効なトレーニングです。トレーニング方法としては汎用性が高く、長期間使える効果的なメソッドですので、ぜひ、みなさんに活用していただければと思います。

「ふせんトレーニング」でやることはごく単純で、次の3つを実行するだけです。

①　赤・青・黄の3種類の小さいふせんを準備しましょう
②　デザイン系の雑誌やデザインの写真集などを買ってきましょう
③　自分がいいと思うものに「青」、ダメだと思うものに「赤」、どちらでもない、もしくは、よく分からないものに「黄」のふせんを貼りましょう

以上です。これを数冊分やると、これまではボンヤリとしか意識できていなかった自分の好き嫌いが、3色のふせんでビビッドに可視化されます。「なるほど自分の好みの傾向は、こんな感じなのか」という認識の芽生えが、スタート地点です。数冊繰り返してみたら、それらを眺めてみて、自分の好みについて言葉にしてみましょう。たとえば「自分は何事もシンプルでスッキリしたものが好き。色もモノトーンが好き」「赤色がアクセントで入っているものを、どうしても選んでしまう」「おとなしいデザインは嫌い、勢いを感じないとつまらない」などなど、十人いれば、十通りのジャッジが出てきます。

「センスがない」のバロメータは、黄色のふせんの量です。黄色のふせんは「自分には判断できない・どちらでもない」を表していますから、黄色のふせんが多いということは

「ジャッジができていない」ということのあらわれです。センスがあるという状態に至った人は、この黄色のふせんがほとんど出てきません。YesとNoの線引きがクリアであるということです。

まず、第一歩としてこのトレーニングを繰り返すようになったら、その後、プロフェッショナルのデザイナーや、自分よりもセンスがある人に、自分のふせんを見てもらい、コメントをもらいましょう。これは自分の裸をさらけ出すようで、最初はかなり恥ずかしいのですが、**自分とは違う目線から、自分の好みを批評してもらうことで、ジャッジの精度を一気に向上させることができます。**

この「ふせんトレーニング」は、プロフェッショナルなデザイナーにとっても、日々の基礎練習のようなものです。デザイナーという人種は、日々このようなジャッジの中で生活をしています。デザイナーのリーダーにあたるアートディレクタークラスになると、チームから上がってくるデザインの提案について、常にYesとNoを判断すること自体が仕事になります。ですので、このトレーニングは単に初級者のための親しみやすい方法ということにとどまらず、プロフェッショナルレベルに到達した後にも効果がある方法なのです。

そして、この「ふせんを貼る」ことが習慣化してくると、日々の生活で目に入ってくるあらゆるものについて、網膜の上で、「これは青、これは赤」と瞬時に判断できるようになってきます。このような状態に至れば、トレーニング前の状態に比べると格段にセンスがある状態になっているといえます。

たとえば、飛行機に乗ったときに「外観は全体的に青だけど、インテリアになると玉石混交。シートのお尻の部分のカーブは赤だし、タッチパネルのUIは真っ赤、照明についてては黄色かな」のように全体と部分について、解像度を上げたジャッジが利くようになっているはずです。

ふせんトレーニングには、さらにその先があります。目に入るものに赤や黄のふせんがついたとき、それをどのように変更すれば、自分にとって青の状態になるか、ということを一歩踏み込んで考えてみるのです。たとえば、先の例では「シートのカーブを数センチ下げることで、ぐっと楽になるはず」というように仮説を頭の中で考えるくせをつけるのです。

このトレーニングには、ほとんどコストがかかりません。強いていえば、定期的に自分のジャッジについてコメントしてくれるデザイナーやセンスのいい友人が必要な程度です。世の中には「自分にはセンスがない」と信じ込んでいる人がほとんどです。多くのビジネスパーソンやエンジニアは「自分にはデザインセンスがないのでBTC型人材になれる自信がない」という話をします。

しかし、これまで解説してきたように、センスというものはジャッジの繰り返しの中で磨かれていくものです。だから「デザインセンスを磨きたい」と思ったらいいデザインをたくさん見るしか方法はないし、悪いデザインを見たら「あーあ」と思う、その眼力を鍛えていくしかないのです。いい文章を書きたいと思ったらいい文章をたくさん読むしかないのと同じです。

それにセンスというものは自分と切り離されたどこかに「絶対的な正解」があるわけではないことも重ねて強調をしておきたい点です。突き詰めていけばそれは「好き嫌い」のことです。プロフェッショナルのデザイナーたちは、その「好き嫌い」を仕事のツールとして扱うレベルに至っているということなのです。

私たちが普段、ご飯を食べておいしいと感じたり、異性を見て惹かれたり、車を見て格好いいと思ったりするのも、乱暴にいえば、個人個人の中に何かしらのジャッジがあるからこそ。つまり、センスが全くない人は世の中にいないのです。**センスがないと感じるのは単に自分の好みが頭の中で整理できていないだけなのです。**

ふせんトレーニングを通してジャッジの千本ノックをすると、自分の好みが見えてきます。たとえばTakramのエンジニアリング出身のメンバーにもこのトレーニングをやってもらいましたが、彼自身、あのときの経験がいまでも生きているといっています。「あのトレーニングで何をやるべきか分かったんです。僕は金属っぽいもので、引き締まっているプロダクトが好きだと分かりました」と。

ちなみに彼はふせんを貼り終えたあとに「僕はカラフルで、ふわっとしたデザインは好きではない」ともいっていました。デザインに携わるならさまざまなジャンルのデザインのよさを理解し、使い分けることが大事ではないのかと思う人もいらっしゃるでしょうが、それはレベルが上がった後の話として取っておけばよいと思います。まず、スタート地点として、肝心なことは自分の好き嫌いの解像度を上げることです。

自分のジャッジの解像度が上がると、他の人（たとえば一緒に働くデザイナー）のテイストも高解像度で把握できるようになります。つまり、自分のことがよく分かっている人は、他の人の頭の中もシャドーイングできるようになるということです。すると、たとえばプロジェクトチームにデザイナーを招く必要があるときに、間違った人選をしなくなるといった効果も出てきます。

私自身も、たとえば、はじめて訪れるレストランに入ると、「あの照明器具は一回り大きくして20㎝くらい下げたら、もっと落ち着きのある空間になりそうだな」といったことを考えることが習慣化しています。もしくは、情報量が多すぎて読みづらいメニューを眺めながら、「自分ならこのメニューをどうレイアウトしなおすだろうか。省略できる文字情報はないだろうか。フォントは何がいいだろうか」といったことを常に考えてしまいます。

一種の職業病ともいえますが、これは私にとって日常的なデザインの自主トレであり、プロフェッショナルのデザイナーはこうしたことを執念深くやっている人たちです。人よりもアンテナを張り巡らせ、沢山のものに対してジャッジをする。「センス」というものは、このような日々の鍛錬からこそ、自然と身につくのではないでしょうか。

世の中の「ヒットメーカー」と呼ばれる人たちは、必ずといっていいほど、このようなジャッジ能力を高い次元で持ち合わせています。意識的に鍛錬を積んでいるからこそ、具体的に企画を考える段階で高解像度のイメージが湧くのです。

一方で、このようなトレーニングを積んでいない人は、「自分にはセンスがない」ことを自認する必要があります。そのような人が解像度の荒い「好き嫌い」でデザインについての意思決定をしようとすると、結果としてクオリティは雑なものになってしまいます。自分のセンスのレベルを客観視し、プロに任せることもスキルの一部だと考えることも大切です。

整理術としての「たす、ひく、みがく」

よくデザイナーが使う言葉のひとつに「**たす、ひく、みがく**」という考え方があります。

物事をよくしていくときのアプローチを分類したもので、考えうる取り組み方は**「足りないものを足す」**か**「不要なものを引く」**か**「残すものは1ミリでもよくする」**の3つしかないという前提で考えていくというものです。

この考え方は、製品開発から、ブランド構築、組織づくり、スキルアップ、人生設計まで、あらゆることを対象にして使うことができます。

たとえばブランド構築をする際、伝えたいメッセージが整理されていないままだと、できあがるブランドイメージは必ずゴチャゴチャとしたものになってしまいます。一貫性が無いため、人々の記憶にもたいして残らないような脆弱な状態です。

このような場合は、キーメッセージを絞り込むことからはじめる必要があるわけですが、それが決まったら関係のないものは大胆に引き算をしていく。そして大まかに輪郭がつくれたら、少しだけズレているものは修正して「磨き込み」を進め、それでも足りない部分については要素を「足し」ていく。この繰り返しに時間をかけます。これは、根気のいる地味な作業の連続ですが、**それを執念深くやることで目指す方向性とその結果としてのイメージが合致した強いブランドに育っていきます。**

プロダクトデザインにおける「たす、ひく、みがく」は比較的イメージしやすいと思います。特に日本のデザインは伝統的に「整理整頓」がお家芸です。整理とはしかるべきところにものを配置する行為（みがく）のこと。整頓は不要なものを消す行為（ひく）のことです。

実際にプロダクトデザインを行う際は、

①　不要な要素を一つひとつ検証して「引き算」志向で要素を絞り込んでいき、
②　アイデアの発散と収束、細かい調整を繰り返すことで残った要素を「磨き込み」、
③　最後の最後で、デザインに驚きや魅力を最小限の処理で「足す」

といった順番で検討することがほとんどです。

ソフトウェアのデザインについては、もっと精密にプロセス化されていますが、進め方の幹の部分としては同じような進め方になります。

この「たす・ひく・みがく」は、考え方としてシンプルすぎるので、日々の仕事にどれ

だけ効果があるのか疑問に思われる方もいらっしゃるかもしれません。しかし、シンプルゆえに継続しやすく、チーム内の共通言語として用いる明快さがあります。モノづくりにしても組織づくりにしても、よりよくしていくには時間がかかるし、状況は常に複雑です。その複雑なものに対して「たす、ひく、みがく」という3つのラベルを貼っていくことで、次のステップが可視化されていきます。そうすることで徐々に中途半端なものがなくなり、結果として取り組みの効果が上がります。

先ほど日本的デザインは整理整頓が得意だと書きましたが、日本企業に目を向けるとやることばかりが増えていて、そこで働く人たちも、いったい何をやっているのか方向性が分からないというようなカオス状態に陥っている企業が少なくないと感じます。これは「引く」作業が欠落しているからなのではないかと思います。世界からリスペクトされている日本的ミニマリズムは企業活動においても有効なはずです。

Takramでも半年に1回のペースで**「ひく会議」**と呼ばれる会議を行っています。自分たちの活動を定期的に棚卸しして、すでに役割を終えているものをどんどん畳んでいくことが主目的です。ビジネスシーンでは組織改善手法としてＫＰＴ法（続けるべきこと

〈Keep〉抱えている問題〈Problem〉トライしたいこと〈Try〉の振り返り手法）が使われますが、KPT法は「たす、ひく、みがく」のうち「みがく」にフォーカスをあてたものであり、大胆に引き算をしていくフレームワークではありません。物事をよくしていくには、その余白を確保するためにやらないことを決めることが先決です。

社内に存在する大小の仕組みやタスクの他、過去のプロジェクトで使ってきた開発手法やフレームワークも時代に合っていないと感じたら積極的に捨てていきます。そうやって定期的に引き算をしていくことで組織に余白が生まれ、新しいことにチャレンジしやすくなって組織の新陳代謝が進みます。

アイデアを展開する「モノとモノサシ」

Takramではひとつの物事を複眼思考によって多面的に考えることで新たなアイデアを抽出する手法を重視しています。そうしたマインドセットのことを**「振り子の思考」**と呼んでいます。脳内で2つ以上の視点や人格を交互に高速にスイッチし続けることで、アイデアに至るという方法です。この振り子と並んで、日常的に使っているのが**「モノとモノサシ」**という言葉です。

モノ＝アイデアがあったらそのモノを測るモノサシ（評価軸）を想起して、その目盛りをズラしてみるという一種の思考の習慣のこと。デザイン領域では真新しい発想法ではありませんが、**アイデアの発散だけではなく、アイデアの最適化作業とアイデアの伝達時にも使える便利な考え方です。**

たとえば目の前に小型のペットボトルがあるとします。ここでは分かりやすく「容量」を測るモノサシを頭の中で思い浮かべてみましょう。目の前のペットボトルは350mlです。基準が分かったらいったん目の前のモノ（アイデアA）は忘れます。そしてモノサシの目盛りをズラしていき、「小さなペットボトル（アイデアB）」や「大きなペットボトル（アイデアC）」を空想していきます（図13）。

200mlのボトルは世の中に存在しますがヤクルト飲料のようなサイズのペットボトルはありません。それはなぜでしょうか？　もしくは、あったとしたらどんなニーズが考

図13　モノとモノサシ

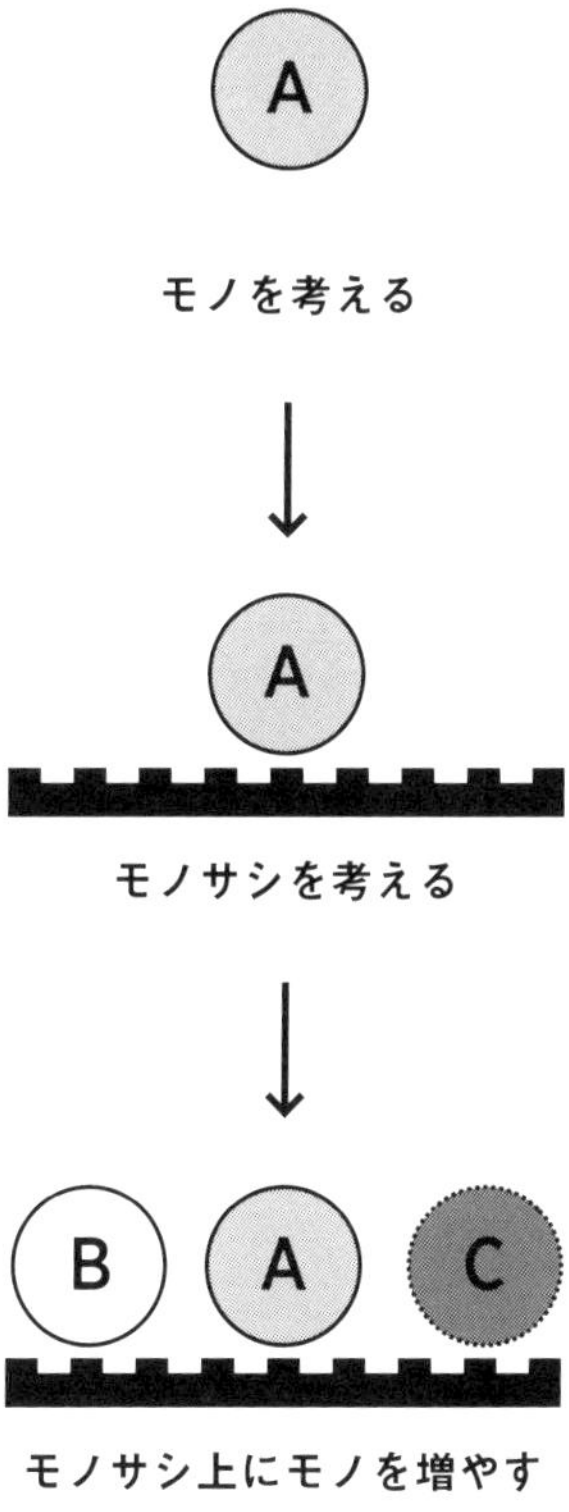

えられるでしょう？　逆も同じ。５Ｌの業務用ペットボトルは存在しますが、１００Ｌ、２００Ｌのペットボトルはありません。それはなぜでしょうか？　あったとしたらどんなニーズが考えられるでしょうか？

このように対象物に対してモノサシを考え、それをあてがい、左右にズラしたり、振り切ってみたりする発想を習慣づけることで「普段の自分では考えないようなアイデア」を次々に生み出すことができます。

どうしても人は固定観念や常識、成功体験、思考バイアスといった目に見えない枠組みにとらわれがちです。しかし、モノサシという外部化された軸を介在させることで発想を主観から切り離すことができるようになります。そうすることで、考えてもみなかったようなフィールドを探索できるようになります。

それにモノサシがあれば、リニア（直線的）に探索していくだけなので、悩まずにサクサク考えていくことができますし、「このモノサシではない」と思ったらすぐに別のモノサシを考えれば、全く異なった方向の発想を広げることができます。つまり、非常に効率よく探索ができるのが「モノとモノサシ」のメリットです。モノサシがない状態でランダムにアイデアをひねり出すことを考えてみてください。時間もかかりますし、脳も疲れます。思考が同じところを行ったり来たりする非効率さも生まれてくるはずです。

たとえばテレビのリモコンのボタンの数がゼロならどうなるか。おそらくインターフェースは音声だけになりますが、それはそれでユーザーが困る場面も多そうです。ではボタンを1個にしたらどうなるか。まだ音声入力が主体になるでしょうが、ボタンひとつと音声入力の融合の仕方にはどのようなものがあって、ユーザーに対してどんな価値を提供できるのか。こういうことを、ボタンの数を細かく刻みながらひたすら考えていきます。

そうやってアイデアを発散してアイデアの目星がついたら、そのアイデアの精度を高めるときもモノサシは役にたちます。再度いろいろなモノサシをあてがって発想を横展開してみると、次第に当初のアイデアが相対化されていきます。**つまり、「目盛りを動かさないほうがよさそうなところ」と、「改善できそうなところ」が見えてくるということです。**

改善できそうだと思ったらひとつのモノサシにフォーカスをあてて、今度は微細な調整作業に入っていきます。いいアイデアというのはいきなり完成形として思いつくことは滅多になく、なにか一個視点を決めて、それを少しずつズラしながら最適値を探索するという地道な作業を経て作られていくことがほとんどです。

こう書くと「思いつくモノサシで勝負が決まるのではないか」と思われる方もいらっしゃるかもしれません。**たしかに優れたデザイナーほどモノサシの種類が多く、モノサシの当て方、動かし方が上手です。**

しかし、普段なにげなく接しているものに対してモノサシを当てる習慣をつけることと、その目盛りを、ときに大胆に、ときに繊細に調整していく思考作業に慣れること。さらにいえば、目盛りをズラしたときに生じる差異や感じることを自分なりに言語化していく力を鍛えれば、誰でもモノサシの数を増やすことができます。

ひとつの対象物に対していろいろな種類のモノサシを高速に当てられるようになるにこしたことはありませんが、訓練を重ねればモノサシの種類は増えていくので最初はひとつで構いません。色でもサイズでも重さでも個数でも素材でも何でも構わないので、むしろじっくりとモノサシを使った「ズラしの探索」をする体験を通してコツをつかむほうが大切です。そういうトレーニングを積んでいくと、ふせんトレーニングと同様、具体的なモノをみたときの感覚が徐々に鋭くなっていきます。

思考をストレッチする「デザインフィクション」

将来起こりうる可能性をフィクションとしてストーリー化し、考えを深めていく手法が「デザインフィクション」です。デザインフィクションはサイエンスフィクション（SF）と比較すると分かりやすいでしょう。

たとえば『攻殻機動隊』などはサイエンスフィクションの典型です。場面設定や人間の普遍的な部分については現代人でも知っているものとして固定されます。しかし、無数に描かれる情景の中に科学的な虚構＝嘘が数箇所仕込まれるのがサイエンスフィクションの特徴。攻殻機動隊の場合だと「電脳化」が科学技術上の嘘です。しかし、その嘘をごく自然なものとして視聴者に受け入れてもらうために周辺の設定を細かく調整し、違和感が生じないような設定上の工夫が施されます。これがサイエンスフィクションのつくり方です。

一方でデザインフィクションは、科学技術上の嘘をつくのではなく人間の生活様式や価値観について嘘をつきます。そしてその嘘を起点にして、周辺のコンテクスト、つまりどんな社会になっているか、（もしその社会が望ましいものであれば）どうやればそのような社会になっていくかを考察していきます。

デザイン思考との違いは明確です。デザイン思考は「目の前にある課題」を発見し解決する手法です。**一方、デザインフィクションは「目の前にない課題」を擬似的にフィクションの中で発生させ、それを解くためのプロダクトやサービスを実際に検討してみることで新しい発想に至る手法です。**

デザインフィクションを用いると、将来に対するユニークな着眼点を豊富に刈り取ることが可能です。もちろんその内容は玉石混交になりますが、飛躍のあるアイデアを生む手段としては非常に強力です。Takram でもクライアントの未来の事業を検討する際にデザインフィクションを活用する場合があります。

たとえば、いま世界は地球温暖化という課題を抱えています。パリ協定では石油は完全に悪者扱いです。それだけでも50年前の人からすればフィクションの世界でしょう。働き方改革なども、一昔前のモーレツサラリーマンからすれば、もはや想像できない話です。たとえば仮に今後、世界政府なるものが誕生して、日没以降の一切の照明の使用を禁止する宣言をしたとしましょう。現代人から考えれば非常識な設定ですが、数十年後にはありうる話かもしれません。

夜間の照明使用の禁止によって、人類は夜の暗闇を人工の明かりで照らすことができなくなります。そのとき、人間のライフスタイルや文化はどのように変化するでしょうか。照明を使わない代わりに暗視スコープのようなものをつけて生活をするかもしれませんし、会社や学校などのスタート時刻は午前6時になるかもしれません。朝食や夕食の概念も解体されるかもしれませんし、夜の娯楽的活動が極端に制限されることで、逆に少子化が一気に解決するかもしれません。経済は？　規制は？　社会課題は？　そして自社のビジネスモデルは？　このようにデザインフィクションを取り入れると議論が尽きません。

ちなみにデザインフィクションの要素は、政治家や企業の創業社長のように大きな未来像を描くことが大好きな人たちの会話の中にも見出すことができます。先日、くまモンの生みの親である蒲島郁夫熊本県知事とお話をする機会がありましたが、話の中で「県民からいただいている税金を僕はゼロにしたいんです。くまモンが稼ぐことで、それが実現している未来を作りたいんです」とおっしゃっていて驚きました。**まさにフィクションに近いビジョン型の発想であり、こうした考えはロジカル思考やデザイン思考からはなかなか出てきません。**

道筋は見えないけれど「税金がゼロになっている」といった状況をポンと決めてしまう人がいるからこそ世界がその方向に向けて少しずつ動き出す。もちろん、個性が強すぎて意味のないものが生み出されることもありますが、グローバルアジェンダを設定している人たちをみても、やはりフィクション的に発想するビジョナリーな人が主流。ヨーロッパでたびたび話題になるベーシックインカム制度も、なにかの数字的な根拠に基づくアイデアというよりは、空想やユートピア思想によるものが大きいでしょう。

デザインフィクションはあくまでも狭くなりがちな視野を強引にストレッチするひとつの手段であって、具体化の手段はまったくともなっていません。ビジョンやデザインフィクションによるひらめきレベルの「ＷＨＹ」を、裏づけを取りながら地を這うように形あるものにしていくためには、「WHAT」を担うデザイン思考的な地道なアプローチと、「HOW」を担うテクノロジーとビジネスの力が欠かせないことはいうまでもありません。

学びの心構え「4つのA」

デザインに向かう越境の超基礎編を「n＝1」「ふせんトレーニング」「たす・ひく・みがく」「デザインフィクション」などを紹介することで書いてきました。デザインという未知の領域に少しずつ首を突っ込んでいってもらうために、初歩的な、それでいてデザインの本質を深く突いているような内容をシェアしました。この章の最後に、BTCの越境に臨むために重要な、学びのマインドセットの話をしたいと思います。

学びの力はTakramが最も大切にしている価値観のひとつでもあります。MIT（マサチューセッツ工科大学）の教授であったピーター・センゲの著書に感銘を受け、Takram

のコアバリューの最上位に「Learning Organisation（学習する組織）」を設定しています。Takramでは、この「学ぶ組織」を体現するために、社員に対する様々なサポート制度が敷かれています。なぜ、そのような手厚いサポートやしっかりとした組織文化が必要かといえば、BTCに至るためには、自分の専門性やコンフォートゾーンから連続的に逸脱を繰り返す必要があり、実際にはかなりの負荷を我々に強いるからです。

特に越境の初期はうまくいかないことだらけで、くじけそうになることが多くなります。このようなハードな状況に臨むための心構えとして、『ザ・プロフィット　利益はどのようにして生まれるのか』（ダイヤモンド社）の著者エイドリアン・スライウォツキーが**「学習の4つのA」**という素晴らしい考え方を表明しています。これは、どんな学びであっても必ず通るステップを分かりやすく4段階にまとめたものです。これを頭に入れておくと、自分の学びの状況を客観視できるようになり、少し気持ちが楽になります（図14）。

まず、学びのプロセスで最初に起こるのは「Awareness（アウェアネス）」です。日本語に訳すると「気づき」です。何かを学ぶ必要性について気づいたり、自覚したりしていない人は、決して学習をはじめることはありません。つまり、「あ、自分にはこの知識が

図14　学習の4つのA

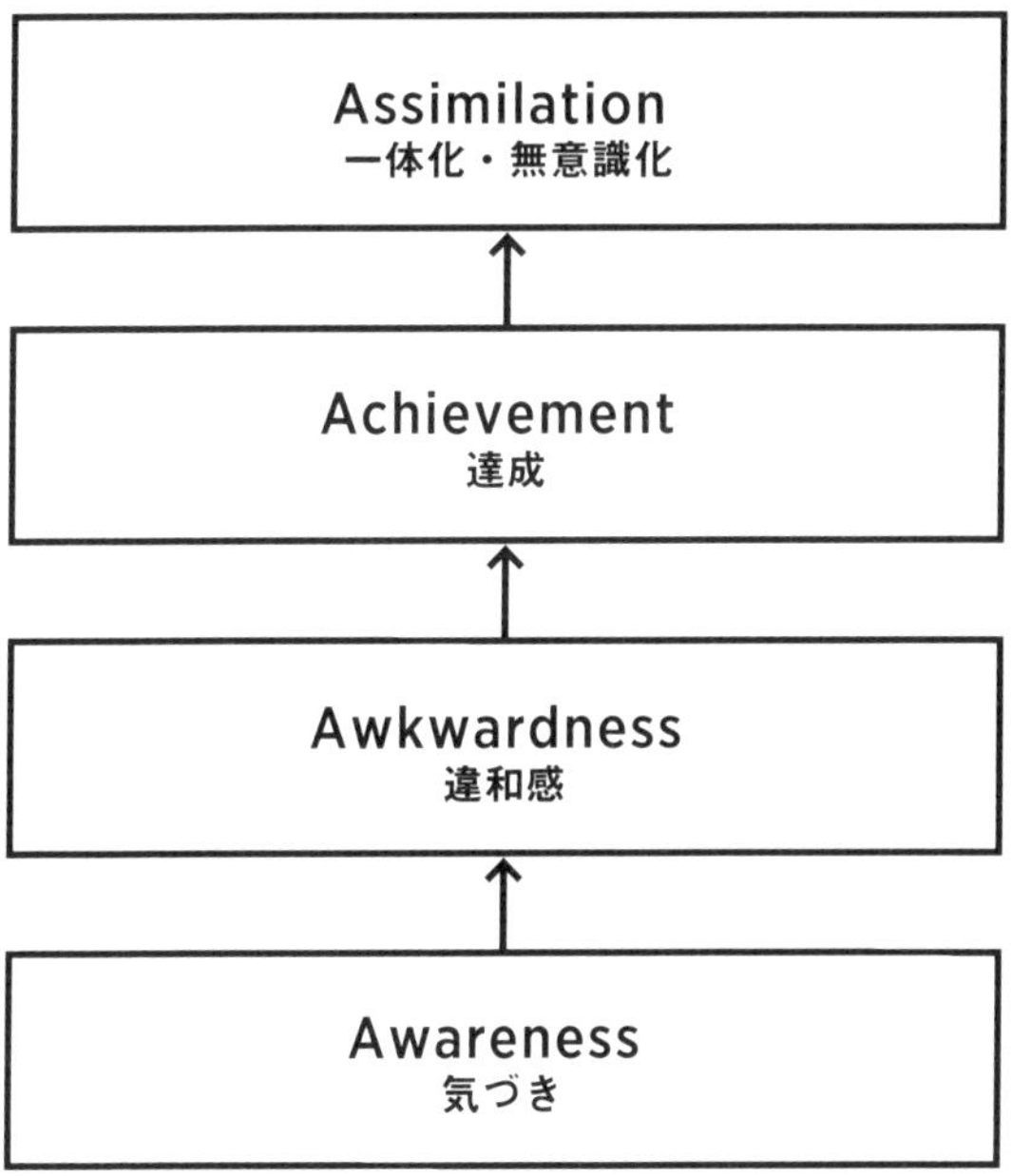

学習を進めていくと、かならず「違和感」の状態を経由する。
そこでやめない、あきらめない。
そこを抜けると「やればできる」達成の状態にいく。
さらに進めていくと、無意識でもやれるようになる「一体化」の境地に入る。

足りていない」という気づきと自覚が学びのトリガーになるのです。つまり、「足りない部分を知る」ことができれば、その時点で学びがスタートしたということになります。

2つ目のAは「Awkwardness（オークワードネス）」。日本語では「違和感」という意味です。学びをスタートさせた直後は分からないことだらけですし、やってもやってもうまくいかないことばかりです。そのような状況ですから、多くの人はここで「この分野は自分には向いていない」と脱落します。しかし、そのような違和感を抱えながらも、それに押し流されることなく、学びを継続していくことが大切です。この段階では、うまくいかないことを無視する、そのような状況に対して、あれこれ考えず鈍感でいる、という態度が大切になります。うまくいかない自分を責めるのではなく「自分は正しく学習の第二段階にいる！」と、自分にいいきかせる鈍感力が、このステージをクリアするコツです。

そして、3つ目のAは「Application（アプリケーション）」もしくは「Achievement（アチーブメント）」です。これは「集中力を保てれば結果を出せる」「数回に一回は成功できる」という段階です。モヤが一気にとけて成長が実感でき、学習してきた努力が報われたように感じる段階ですが、一方で、できないことや分からない部分もそれなりに残っているような状態です。このステージでは、実践を積むことで経験値を上げていくことが重要になります。

最後のAは「Assimilation（アシミレーション）」。日本語に訳すと「一体化」「無意識化」です。このステージに至ると、無意識のうちに物事を実行できるようになります。集中して頭を回転させていなくても、スルスルと物事を進めることができる状態です。この状態では、自分が「できる」ことすら意識に上りません。無意識でできるようになる状態。これが学習のステージの最終到達地点です。

この「学習の4つのA」は、補助輪なしで自転車に乗れるようになるプロセスを考えてみると、すっと理解できると思います。「自転車に乗りたい！　乗れるようになりたい！」という「気づき（Awareness）」がまずあって、その後、自転車を漕ぐ練習をスタートするけれど、フラフラしてまったく先に進まない。ハンドル操作と足の回転がちぐはぐで、すぐ倒れそうになる。この状況が第二段階の「違和感（Awkwardness）」。執念深く練習を続けていると、数回に一回、フラフラしながらも先に進めるようになり、そのうち、動きに硬さは残るものの、ちょっとした距離を走れるようになる。これが第三段階の「達成（Achievement）」。そして、数ヶ月たつと、すべての動きがなめらかに連動し、長距離もなんなく走れるようになります。考え事をしながらでも走れるし、自転車に乗れるようになった達成感すら忘れてしまうような「一体化・無意識化（Assimilation）」の境地です。

どんなテーマでも、この「4つのA」の順に学習は進行していきます。**この4つのAでカギを握るのが「違和感（Awkwardness）」のステージです。**

多くの人は学習をはじめると違和感を覚える時期が必ず訪れます。プログラミングの教本を何度読んでも理解できないとか、なんのために頑張っているのか目的を見失うとか、経験不足のために周囲の足を引っ張っている自分が嫌になるとか、違和感の質はいろいろありますが、かならずモヤモヤした状態に陥るものです。そしてもっともらしい言い訳を作り出して逃げようとします。このときにいかにそのような迷いにとらわれずに、学びを続けられるかがポイントになります。

Takramでは、皆が常に学習をし続けなければならない環境にあります。そのため、いつも誰かしらが「違和感」に襲われる段階にいます。「やっぱり僕には〇〇は向いていないと思うんです」「自分は〇〇を作ることに専念したほうが幸せだと思うんです」など、様々な言葉として表現されますが、その裏側には「できない→違和感しかない→だから苦しい」という気持ちが大きく横たわっていることが分かります。

本当に向いていないと判断したら無理はさせませんが、そんな相談を受けたときには「正しく第二段階に入ったね。順調にきている証拠だから気にせず時間をかけて先に行きなさい」と、やさしく背中を押すようにしています。そして、しばらくすると「少しできるようになりました」という報告を聞けるようになることが大半なのです。

ＢＴＣ型人材を目指そうとすると、一生、越境の道を進むことになります。**その過程でいちいち悩んでいてはエネルギーの浪費ですので、鈍感メンタリティーを養っていくことも意外に重要なのです。**

ＢＴＣの道は小さな一歩から

この章では、ビジネスパーソンやエンジニアが、デザインへと越境するための最初の一歩を紹介してきました。デザインの領域を深く掘っていくためには、多くの時間を必要としますが、前述したように「自分の専門性」＋「課題のためのデザインの基本リテラシー」を得るだけで最初は十分なのではないかと思います。課題解決のリテラシーなら自分にもできるかもしれないと感じられる人は多いと思います。

ＢＴＣ型人材の目的はあくまでも「いいプロダクト」を作ることや「変化を起こす」ことですから、自分自身ですべてができなくてはならないと思い込む必要はまったくありません。特にあなたがリーダーであれば、自分のやりたいことをよく理解してくれて自分の代わりにデザインができる人をブレーンとして横に置くだけでも問題ありません。オーケストラでいえば、演奏者ではなく指揮者としての立場が取れればいいのです。

ただし、その場合には何がユニークで、何が洗練されているのか、といった判断を自分なりにできるようになっておきたいところです。それができることによってはじめて「自分に足りない部分」を認識して、それを自分より優れた他人に任せることができるからです。これは、チームのちからをプロダクトの仕上がりに結びつける統合能力でもあります。

実際にさまざまな企業とプロジェクトを実施していると、デザインの専門家ではないけれども統合能力に秀でたリーダーの方々とお仕事をご一緒することがあります。特徴は、BTCのあいだで対立や選択の場面がおきたときの、ジャッジ能力とすり合わせ能力が高いことがあります。こうした高い統合スキルを持ったビジネスパーソンはデザイン側の人間からしても仕事がしやすく、プロジェクトメンバーからリスペクトされます。

BTCを統合する目的はお互いの立場を尊重しながら「いいもの」をつくることです。統合がきちんと実現されていれば、「B」と「T」と「C」を誰がやろうが関係はありません。自分ひとりでできてしまう人はやればいいし、自分は「B」だけだというなら「T」ができる人と「C」ができる人を呼んできて議論を交わしながら進めればよいという割り切りも最初は必要です。

「どんな領域をどれくらいまで学べばいいですか?」と聞かれることがよくありますが、やる気がある人は、どんどん他分野に手を伸ばして、越境をしてほしいと思います。最初は手探り程度で十分。基本は「B」と「T」と「C」しかないので未知の領域に片足をちょっと突っ込んでみて、「こんな世界があるんだ」「自分がいる領域にこの知識を組み合わせたら何が起こるかな」ということをいろいろ感じとってほしいと思います。

そういう意味で、統合スキルの本当の第一歩は、自分の知らない領域について他人事のように振る舞わないことかもしれません。

分からないなりに知ろうとしたり、あるいは、自分の専門領域の見解を一方的に押しつけるのではなくニュートラルに議論の俎上《そじょう》に上げられる人とは圧倒的に仕事がしやすいし、結果としてコラボレーションが加速します。そういうオープンマインドの人ほどもれなく学習が早く、共同作業をしているうちにその人のデザインリテラシーが短期間で磨かれていく様子がはっきりと分かります。

「分からないなりにもコミュニケーションをしよう」という話はあまりにシンプルすぎて、拍子抜けするような内容ですが、ＢＴＣ型人材への道のりを考えれば、強調してもしきれないほど重要なことです。

それでは最後の章では少し実践的な内容を、実例も見ながら紹介していきましょう。

第5章

デザイン駆動型《ドリブン》プロジェクト

新規事業にＢＴＣをどう生かすか

新規事業計画を考える際の典型的パターンは、

①　社内にシーズ（種）となる技術が存在していて、その活用を検討するプロダクトアウト（作ったものを売る）のパターン

②　マーケットのニーズからスタートし、入手可能な技術やサービスを組み合わせてソリューション構築するマーケットイン（売れるものを作る）のパターン

③　シーズやマーケットと関係なく、ビジョナリーなリーダーが着想した鮮明なイメージを具体化するビジョン駆動《ドリブン》型のパターン

などです。他にも多様なアプローチがありますが、そのいずれにも一長一短があり、一概にどれがいいということはいえません。そのような中、ここではＢＴＣならではの道を考えてみましょう。

「まず抽象思考を完成させ、その後、具体化のアイデアを考える」

これはビジネスの世界で広く常識化している流れだと思います。リサーチを行い、それを構造化し、コンセプトを見出した上で、具体化の検討に入る。デザイン思考のプロセスも、表面的にはこのような流れをたどります。

しかし、実際にクリエイティブ領域に身を置いている人たちは、情報の構造化を経ずとも、目の前の具体物や現象を観察するうちに、いきなり具体的な打ち手を思いついてしまうようなことがあることを知っています。たとえばインタビュー中に相手が発した一言にインスピレーションを受けてアイデアが湧くこともありますし、スーパーで迷っている人をじっくり観察するうちに、突然革新的なソリューションを思いつくこともあります。これは第4章で紹介した、n＝1のリサーチ手法に通じるものです。

一方で、具体の観察から直接生まれる具体的なアイデアには、その必要性・合理性・普遍性にクエスチョンがつく場合が多いことも確かです。そこで抽象→具体、具体→具体の両方のよいところを組み合わせる方法を考えてみましょう。**「本当に優れたアイデアは具体と抽象を何度も行き来することから生まれてくる」**という考え方です。

アイデアは具体的に世の中に実装ないし実行されてはじめて価値が生じます。文字面はよいけれども、具体性がないようなものは、新規事業を考える上では、アイデアとは呼べません。だからこそ抽象と具体を同時に考えることが大事です。情報を分析して「ようするに課題は何」ということを考えつつも、「こんなことできそうだな」という具体的なアイデアも直感にまかせてどんどん書いていく。

これは具体と抽象を同時にスタートさせ、両者がもつれ合いながら自然と融合していくアプローチで、バランスの取れた**「統合思考」**のプロセスを提供します（図15）。

最初は、ラフなロジックとプロトタイプからスタートしますが、最終段階では、ラフなロジックは事業計画へと高解像度化し、プロトタイプはワーキングプロトタイプのような精度の高いものに進化していきます。

最初のうちは抽象概念と、思いつきレベルの具体的アイデアのあいだのギャップが大き

図15　抽象思考と具体思考の統合

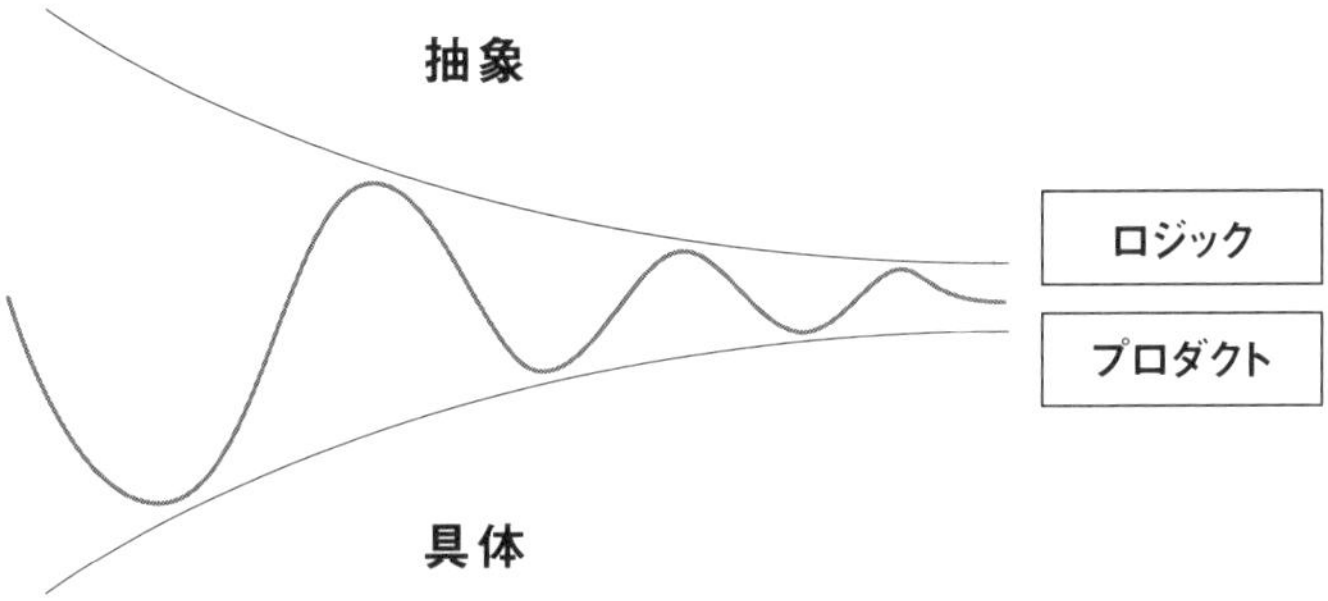

く、まるで整合性が取れません。しかし、プロトタイピングなどを通してプロジェクトが進む中で、思考の整理整頓ができてくるようになると、徐々にそれらの距離が近づいていきます。最終的には、抽象思考と具体的なソリューションがピッタリ合う。これが抽象化と具体化を同時にスタートさせて、同時に終着させていく手法です。

この進め方に慣れてくると、アイデアが出ない、時間が足りないという状況に悩むことが減っていきます。BTCの話でいえば、ビジネスやテクノロジー寄りの人はロジカルなアプローチや科学的なアプローチに慣れすぎてしまって、過度に**「抽象脳」**になっている人が大勢います。しかし、抽象化が進めば進むほど現実から離れていくため、抽象脳から生まれたアイデアは多分に嘘も含んでいますし、そもそもありきたりのアイデアに埋没してしまう場合があります。抽象思考を信用し過ぎてモノやサービスを作ると、マーケットで大外しすることがよくあります。

一方で、デザイナーは**「具体脳」**に陥って抽象思考を省略する人も多く、「面白いけど意味がよく分からない」「斬新だけどビジネスにならない」といったアイデアを考えがちです。やはり「具体脳」だけでも不十分なのです。よって、抽象化を走らせつつ、具体的な細かいアイデアも同時に考えていくことがコツです。

アイデアは「DAY 1」から考える

アイデアをどう考えていくかという話をここでしておきましょう。

残酷なことをいえば、いいアイデアを思いつくかどうかは運であり、確率の問題です。いつ思いつくか分からないのであれば、やることはひとつしかありません。いいアイデアが思いつきやすい状況をいち早く生み出して、確率を少しでも上げておくことしかないのです。そのように自らの限界を謙虚に受け入れた上で、粛々と行うのです。それが**「具体もDAY1から考える」**というアプローチです。

【リサーチ期間とアイデア出し期間を分けない】

ウォーターフォール型開発（上流から下流へ）の仕方に慣れてしまった人は最初にリサーチに時間をかけ、リサーチ結果を要約してロジックの方向性を固め、その後に具体的なアイデアを発想しようとしますが、期間を切って、短時間で集中して具現化するアイデアを出そうとしても、ありきたりなアイデアしか出てきません。「はい、いまから30分でいいアイデアをポスト・イットに書いていきましょう」といわれてもいいアイデアが出る可能性は限りなく低いでしょう。

いいアイデアとの遭遇率を上げたいなら、アイデアをアウトプットする時間を単純に増やすこと。**よって、プロジェクト初日からアイデア出しをはじめるのがおすすめです。**リサーチをし、分析をし、構造化をするという抽象化作業も当然行います。その一方で、具体化のためのアイデア出しを常に並行して行うことで、単純に具体化について考える日数を増やすことができます。ありきたりのアイデアが出きった後で、ようやくオリジナリティと解像度の両方を備えた「その手があったか」というアイデアが出てくるようになります。

また、リサーチと着想を同時に実施することは非常に効率がよい方法です。リサーチで現場の生々しい情報に触れているとき、脳は活性化しアイデアの出やすい状態になります。たとえば、観察やインタビューをしている途中で、頭の半分では情報のインプットをしつつ、頭の半分ではアイデアがどんどん湧いているという状況を作り、そこで湧いてきたアイデアをロングリストに着々と溜め込んでいくのです。そのような場面で出てくるアイデアは、非常に解像度の高いもの、つまり他人がなかなか思いつかないレベルのものになります。

【些細なアイデアでもいいので逐次アイデアを共有する】

アイデアを出す過程で重要なことは、その場で優劣をつけず、チーム内の共有ドキュメントに機械的に書き留めていくことです。Takram ではアイデアを書き留めるためのドキュメントをクラウド上に用意して各自がいつでもどこでもスマホからメモできるようにしてあります。

ひとつのプロジェクトにはクライアントを含めると7、8人のメンバーが関わります。各自がリサーチを終えて現場から帰ってくるあいだや、ご飯を食べているとき、休日に散歩しているときに思いついたことなどもどんどん書くようにしていけば、数百というアイデアが簡単に集まっていきます。

すると、ごくたまにその中にキラッと光るアイデアや、さらなるアイデアのきっかけとなるような気づきがあるのです。

【アイデアを考える人こそリサーチの現場に投入する】

現場・現物・現人を隅々まで知っている人ほど解像度の高いアイデアを生み出せる可能性が上がります。前述のDysonの例のように、現場を知ることとです。

現場を見て、体験して、聞くことで理解の解像度は一気に緻密になり、「なんとなくこんな感じかな」と漠然と思っていたことが現場の人たちが発するリアルな言葉や振る舞いによってどんどん鮮やかな理解になっていきます。

一般企業の新規事業担当者などをみていると、いきなり机上でいいアイデアをひねり出そうとして現場にまったく出ていない人が少なくありません。もしくは他人の書いた調査レポートを読んで、頭で分かった気になっている人も多いでしょう。「なぜユーザーインタビューをしていないんですか？」と尋ねても、「まだそのフェーズではない」と答える方もいますが、順序が違います。**いいアイデアを着想しやすくするために現場に出るのです。**「具体から具体」もよしとする姿勢といってもよいかもしれません。

プロジェクトケーススタディ①：POWER LOUNGE

ここでデザイン駆動型のプロジェクトとしての実例として、第2章でも少し触れた羽田空港の「POWER LOUNGE」のデザインプロセスについて見ていきましょう。羽田空港にはＪＡＬやＡＮＡの空港ラウンジの他に空港自身が運営するラウンジが存在しています。このラウンジのリニューアルプロジェクトを２０１７年に、運営会社である日本空港ビルデング、グラフィックデザイナーの原研哉さん率いる日本デザインセンター（以下、ＮＤＣ）、インテリアデザインと設計担当の梓設計、そしてTakramという4社で構成されるチームで実施しました。

リニューアル前のラウンジは、重厚なソファが並んだ、くつろぎを重視した空間でした。設計からすでに10年ほど経過しており、リニューアルの時期を迎えていました。

【定量データと徹底的な現場観察のつき合わせ】

まずチームは、月次や時間ごとの来場者数や平均滞在時間のデータなど、すでに現場が持っている定量データをできる限り集めて分析を行いました。データを見ると、来場者がある時間帯をピークに大幅に増加することなど、いくつかの特徴がはっきりと読み取れました。一方で、実際にどのような光景が広がっているかを知るためには、やはり現場観察が欠かせません。

チームはラウンジの現場に入り、どのようにラウンジが使われているのか、その観察を入念に、時間をかけて行いました。この観察は、ユーザーである来場者の動きを中心に見ていくのですが、それ以外にもサービススタッフが使用する受付や給仕スペース、そして裏側のストレージや、ラウンジ周辺の廊下を含む旅客の移動動線を含め、ラウンジに関わるシーンの全般について、隅々までしっかり見ていきました。

現場を観察してみると、データを読んでいるだけでは分からない気づきが300ほど集まってきました。その中でも興味深かった点をいくつか挙げてみましょう。

まず目を引いたのは、ピーク時間帯は受付の前に行列ができているが、実際にはラウンジの奥の方に空席が目立つことでした。受付前の行列を見た人の多くは並ぶのを嫌がり、中をちらっと見ただけで立ち去っていました。これは、室内についたてが多く置いてあったため、入り口付近からは奥が実は空いていることが見えないのが原因ということが分かりました。

また、ソファの配置は、2席×2席の囲い席が多く設置されていたのですが、このソファ席では人がひとり座るときに、隣の席に他の人が座らないように自分の荷物でブロックする様子が多数観察されました。向かい側の席も近すぎるため、他の人が座ろうとしません。結果として、空席が少ないように見えるものの、実際の席稼働率は低いことが分かりました。これはパーソナルスペースの線引きがうまくいっていないことが原因です。

そして、新聞や雑誌がスペースを取って並べられているが、実際にはスマホやＰＣを見ている人が大半で、せっかくのスペースに無駄が生じていました。受付とドリンクの給仕スペースも互いに離れて配置されており、そのあいだをサービススタッフが頻繁に歩き回っていました。

データから想像できる風景と、現実との乖離という点では、実際の滞在時間の大半は平均滞在時間よりも短いことも分かりました。ゆったりとくつろぐというよりも、フリードリンクを一杯飲んで、ＰＣやスマホでメールチェックしたらすぐに立ち去るという15分程度の滞在が多く、休憩ではなく仕事時間としての利用が多くなっていることも分かりました。

このように、挙げていけばきりがありませんが、このような実情がデータの裏側に潜んでいることをチームは理解していったのです。

合わせて、サービススタッフの皆さんにも入念なインタビューを行いました。スタッフは口々に現場の困りごとと、その改善点をたくさん挙げてくれました。当時の制服についても意見が多く出てきました。ラウンジのような場所は対人サービスのクオリティがとても重要です。働いている人の動きやすさや、効率、プライドが高く保たれる状態を作らなければ、よいサービスは提供できません。そのような改善の手がかりをインタビューを通して大量につかんでいきました。

このように定量データを下敷きにしながらも、n＝1のリサーチを積み上げていくことで、鳥の目と虫の目のバランスの取れた理解が進みます。そして、リサーチの結果、このリニューアルのキーサクセスファクターが、**「席稼働率の向上」「直帰率の低減」「スマホ対応」「スタッフの働きやすさの向上」**などにあることが分かりました。

【アイデアのロングリストを作る】

リサーチを進めるのと同時進行で、プロジェクトの最初期から具体的な改善案をチーム全体でどんどん出していきました。

特に空間の質とビジネスサクセスに直結したのが、席配置の刷新です。隣の席をブロックする人の存在や、囲い席の非効率性に気づいた瞬間に「それなら、ギリギリ手の届かない距離で席を直列に並べればいいじゃないか」というアイデア（参照：184頁）がチームから出てきました。

結果として、この施策は大当たりし、席稼働率を大幅に向上させることができました。席ピッチを広げるためには、総席数を若干削減する必要があり、それは総来客数の最大値を下げることにつながるため、事業サイドでもかなり慎重な検討が行われましたが、最終的には「よしやってみよう」という決断があり、結果として、大きな成功に結びつきました。また、席ピッチを広げたため、仮に満席に近い状態になっても比較的ゆったりとした、上質な空間をキープすることができるようになりました。

またついたてのせいで見通しが悪いということに気づいたのと同時に、一番奥まで障害物なく見通せる空間であるべきだというアイデアが出ました。このように、課題を発見したら、その瞬間に解決策もいっしょに記録していきました。

先ほど300の課題を発見したといいましたが、それは同時に300の細かいアイデアのリストを作ったということでもあります。これらの施策を束ねていくことで、前述の4つのキーサクセスファクターに対する打ち手を高い解像度で考えていくことができました。そして、これらのアイデアをフロアプランに割りつけていくことで、空間全体の概要が見えてきました。

このようなn＝1のリサーチやアイデアをつくっていくプロセスは「課題解決のためのデザイン」のメソッドとして、ビジネスパーソンやエンジニアの皆さんにも、日々の仕事に取り入れてもらうことが十分できる内容です。

【ブランドデザインのコンセプト提示】

フロアの基本的な考え方が見えてきた段階で、NDCのデザインチームが空間デザインのスタイルやトーンについての検討を行い、それを示すデザインコンセプトとムードボードを作成しました。美しいグラフィックと写真群で構成されたその資料自体のクオリティも素晴らしいものでしたし、その中で「はかどりの空間」という言葉や「POWER

LOUNGE」というブランド名についてのアイデアも提示されました。この資料によって、空間はシンプルでスムーズな中にも、よく考えられた上質なしつらえという方向性が示され、この事業のビジョンが一気にクリアになりました。

これは「スタイルやブランドをつくるデザイン」であり、クラシカルデザインの範疇です。この領域のデザインは、プロとしてよく訓練されたデザイナーにしか実行し得ない部分でもあり、通常のビジネスパーソンやエンジニアには難しい領域です。しかし、「課題解決のためのデザイン」を一枚かませてあげることで、実はクラシカルデザイナーたちも、ぐっと動きやすくなる部分があります。**なぜなら、n＝1のリサーチのような、ユーザー視点がしっかりと入った内容は、クラシカルデザイナーから見ても共感しやすいからです。**

この事例からは、BTCの素養を備えたビジネスパーソンやエンジニアは、クラシカルデザイナーとも仕事がしやすいという一面が、垣間みられるのではないかと思います。

【詳細設計とプロトタイピング、そして完成】

その後、ここまでのプロセスで出そろったリサーチやブランドの方向性を踏まえて具体的な空間デザインと設計が急ピッチで進められていきました。

同時にスタッフの働きやすさをサポートするための制服も新たにリニューアルされることになりました。制服のデザインについても、スタッフの声を入念に聞きながら、課題解決のアイデアとスタイルの方向性を定めました。具体的なデザインは、実力派のファッションデザインチームであるＨＹＫＥにお願いすることにしました。リサーチを踏まえる形で、ＨＹＫＥからは、かゆいところまでケアの届いた、それでいてモダンで美しいデザインが提出されました。

ほぼ設計が固まってきた段階で、空間・家具・制服について、実物を用いたプロトタイピングを実施しました。特に空間を構成する主要な家具については、空港の中に実寸大のプロトタイプを構築し、細かい使い勝手や素材の検討が行われました。

図面の上では一見うまくいっているようなものでも、実物で検証すると、ボロボロとアラが出てくるものです。これをプロトタイプを見ながら、一つ一つ潰していきました。制服についても試作をつくり、実際にスタッフに試着してもらいながら、細かい調整を行いました。

そして、最後にようやく施工や制服やツール類の量産がスタートします。プロトタイプでかなり追い込んだこともあって、全体的にほぼ想像どおりのイメージで完成することができました。

こうして生まれ変わったラウンジは「POWER LOUNGE」として、現在、羽田空港で5箇所運営されるようになりました。訪れる人や働く人に寄り添った、数々の細かい工夫とモダンなデザインの詰まった空間です。日々多くの旅行者に愛用され、ビジネス面でも目的を達した成功事例となりました（図16）。

図16　ケース①：POWER LOUNGE

Creative Direction: Takram + Nippon Design Center, Inc.
Visual Identification: Nippon Design Center, Inc.
Interior Design: Azusa Sekkei co.,ltd. Tamura's Studio
Uniform Design: HYKE

プロジェクトケーススタディ②：Monicia

もうひとつ、ＢＴＣ型のプロジェクトであるコニカミノルタの「Monicia（モニシア）」プロジェクトを紹介しましょう。「Monicia」はＰＭＳ（月経前症候群）に悩む女性をサポートするための IoT プロダクトです。Takram のチームはコニカミノルタの皆さんと長期間並走して、プロダクトが世に出るためのサポートを行いました。

このプロジェクトは、コニカミノルタの社内スタートアップ組織である「Business Innovation Center（ＢＩＣ）」の中でスタートしました。ＢＩＣには世界中から様々な新規事業プランが集まっています。その中のひとつとして、日本拠点（ＢＩＣ Ｊａｐａｎ）には、女性のＰＭＳによる体調不良や精神面の落ち込みをテクノロジーのちからで解決するというプロジェクトがありました。このプロジェクトリーダーは、自身がＰＭＳで悩み、それを様々な工夫を通して克服した体験を持つ人でした。このリーダーの強い思いと、課題解決のアイデアが起点になってプロジェクトがスタートしました。

これは、**ビジョン駆動型**のプロジェクトです。**「なぜやるのか（WHY）」**の部分が、ひとりの個人の強烈な体験や強い思いに裏打ちされているもので、スタートアップ型プロジェクトに多いパターンです。このような場合には、そのビジョンの実現を加速するために、**「なにをやるのか（WHAT）」**と、**「どうやるのか（HOW）」**にフォーカスして仕事をすることになります。

Takramがプロジェクトに参加した時点で、ターゲットとするユーザー像や、その課題の把握については、ラフな理解はすでにできていました。そもそも、プロジェクトリーダー自身がターゲットユーザーの典型例ですので、ユーザー理解については高い肌感覚が持てている状態でもありました。一方で、その課題の解決方法については、初期からソリューションの具体的なイメージを絞り込みすぎずに、サービスデザインの手法を使ったリサーチをしっかり行うこととしました。

このプロジェクトでのデザインの役割は、この個人的な体験とビジョンを、より普遍的で多くの人に共感してもらえるプロダクトとして完成させることでした。それに必要なのは、リサーチを通したユーザーに対する高解像度の理解、全体のＵＸ設計や、プロダクトデザイン、アプリのＵＩデザイン、そしてブランディングやコミュニケーション設計、プロダクトをローンチする初期のマーケティングプランなどです。これらを一つひとつ構築していきました。

【やはりスタートはリサーチから】

このプロジェクトでも、まず最初は入念なリサーチからスタートしました。ＰＭＳで実際に悩んでいる女性たちに話を聞き、具体的なエピソードや生活の中での困りごとを、深く細かく紐解いていきました。生理前になると理由も分からずイライラしたり、不安になったり、普段ならできることもなぜかうまくいかなかったり……そんな声を直接聞いていきました。インタビュー中に泣き出す方もいたりして、チームはこの課題の重さを体感しつつ、一方で、その解決につながる気づきやアイデアを収集していきました。

また同時に、医学的知識や、ＰＭＳに関連するハードウェアやソフトウェアについての技術面のリサーチや量産設計上の情報収集も行っていきました。ちなみに、Takram のチームは、ビジネスデザイナー、デザインエンジニア、クラシカルデザイナーによる混成チームとして構成しました。

このプロジェクトでは、リーダーの実体験から、日々の体調記録を続け、それに基づいて、適切な治療と食事改善、カウンセリングが可能になり、結果として体調がよくなっていく実感を得ることができるようになる、というインサイトがありました。インタビューを含めたリサーチから、この個人的インサイトに普遍性があることを確認し、具体化を行っていきました。

【プロダクトの具体化とブランド構築】

リサーチで得た気づきや具体的な打ち手が情報としてそろった段階で、プロダクトデザインとスマートフォンのアプリのＵＩデザインを行っていきました。デバイスは直接身につけるものでもあるので、使い心地が非常に大切です。気軽に使えるけれども、データは正確にしっかり取れる必要があります。最終的には、このデバイスは夜寝るときにパジャマのズボンの腰のあたりにクリップで簡単にはさめる形状を採用しました。寝る前に簡単に身につけておくだけで、寝ているあいだにじっくりと腹部の温度を計測し続けるというアプローチです。

一般的な基礎体温計は、じっとした状態で数分間計測する必要があり、毎日の継続が少し難しい忍耐力の試される体験なのですが、その部分を「寝ているあいだに計測ができる」という体験に置き換えることで、楽に継続できるようにしました。アプリのＵＩも小難しい医療機器のルックスではなく、できるだけシンプルに、親しみが持てるものを目指しました。

このあたりのデバイスやＵＩデザインはデザインエンジニアがテクノロジー部隊とやりとりをしながら進める「課題解決のためのデザイン」です。

それと同時に、クラシカルデザイナーが、ブランドのスタイルについての検討を進めていきました。たとえば、ブランドの名称、カラー、トーン・オブ・ボイス、キャラクターなど、ブランドの世界観を構築する要素の検討です。この検討には、さきほどのユーザーリサーチでのチームの経験が活かされました。

たとえば、一般的な月経管理アプリの大半は「月」をモチーフにしたり、色遣いもピンクだったりと、比較的ストレートな表現が多いのですが、実際のユーザー体験を追っていくと、「電車の中で使うときに月経の情報を見ているということを気づかれたくない」「体調改善のツールなので、夜というより朝焼けのほうがポジティブでよい」などという、一段深い気づきが得られました。結果として、ブランドカラーは、ナチュラルに淡く青みがかったグリーンを採用し、ブランド名称には「モーニング」「モニタリング」などを想起させる「Monicia（モニシア）」という名称を採用しました。

また、「モニシアさん」というシンプルでモダンに描かれたキャラクターを作り、それを、アプリの中に登場させることで、ユーザーとプロダクトのあいだの結びつきを強める工夫などを行いました。このようなデザインは「ブランドやスタイルをつくるデザイン」の作業です。

「課題解決のためのデザイン」と「ブランドやスタイルをつくるデザイン」がうまく連動することで、プロダクトの全容が具体化されていきました。

【クラウドファンディングによる立ち上げ】

そしてプロダクトの全容が見えてきた段階で、マーケットでの立ち上げ方法として、クラウドファンディングを使って行うことが決まりました。**クラウドファンディングでは、製品の機能性や使い方をテキストやグラフィックを使って丁寧に解説することも大切ですが、それ以上に、ターゲットユーザーの心理に直接訴えかけるようなムービーを準備することが大変重要です。**Takram のチームは、美しく、それでいてプロダクトの目指すビジョンをクリアに訴えかけるムービーを作りました。

クラウドファンディングには女性ユーザーの多い「Readyfor（レディーフォー）」が選ばれました。クラウドファンディングがスタートした時点では、支援者の数がほんの少しずつしか増えないような、チームからするとハラハラする状況でもあったのですが、Twitter上での、とあるユーザーの書き込みから一気に支援の輪が広がっていきました。

そのきっかけは「私はPMSで長年悩んできました。このプロダクトの実現を強く望んでいます。影響力のある方つぶやいてください！」という投稿でした。この投稿に数人が反応し、数万人のフォロワーを持つユーザーのリツイートを経て、最終的には1万を超える「いいね」が集まり、そこから数週間で一気に、プロジェクトの成約額まで支援者を集めることに成功しました。「Monicia」はこの本を執筆している2019年夏の段階では、支援者への製品出荷に向けた量産準備のフェーズの過程にいます。

もともとは個人的な体験と気づきだったものが、デザインの力によってより大きな普遍性を帯び、世の中に発信されていく。デザインを活用して、大企業の中で新しい事業を立ち上げていくという側面でも、「Monicia」はとても参考になるプロジェクトの事例だと思います（図17）。

図17　ケース②：Monicia

プロジェクトケーススタディ③：OTO

3つ目のプロジェクトは、**「コネクテッドの時代に企業が全く新しい体重計をつくるとしたらどのようなプロダクトとサービスになるか」**というテーマで、Takram のロンドンのチームが中心になって進めたものです。OTOという商品名までついていますが、あくまでも自主的なトライアルプロジェクトの成果です。プロダクトデザイナー、グラフィックデザイナー、インターフェースデザイナーの混成チームによるプロジェクトで、コンセプト動画を含めて2ヶ月で作りました。

OTOのターゲットユーザーは自転車愛好家です。商品名も自転車のピクトグラムからきています。見た目は板状の体重計ですが、円形のモニターが本体から簡単に着脱でき、冷蔵庫や洗面台の鏡などに貼りつけても生活シーンに自然と馴染むように作られています。

従来の体重計は体重やＢＭＩなどの数値データを表示するだけです。ただ、世の中の体重計はそこで思考停止に陥っているのではないかという前提を基に、ＯＴＯは自転車愛好家が知りたいであろう情報（外気温、風向き、水分の推奨摂取量、レシピ）を教える情報端末という位置づけにしました。

グラフィックデザインやＵＩにもこだわりました。現代人はただでさえ大量の情報にストレスを感じながら生活しています。自転車愛好家はそうした日々の喧騒を忘れたいというニーズが高いので、モニターに表示される情報は必要最低限に絞り、インフォグラフィックを積極的に使い、ユーザーにとって重荷にならない工夫がしてあります。

ＯＴＯのように明確な用途を持ち、なおかつコネクテッド技術が搭載されたプロダクトは機能拡張やサービス化がしやすいことが特徴です。たとえば空気ポンプのメーカーと組むことによって、当日の体重と気圧に基づいた最適な空気圧を計算し、タイヤの状態を自動で最適化してくれるプロダクトが生まれるかもしれません。世界に１００万人いるといわれる自転車愛好家にとっては画期的なプロダクトになるでしょう。

ただの計量的なデータに「自転車乗り」というコンテクストを引っ掛けるとイノベーショ

ンの種が見えてくるのではないか？　サブスクリプション的なサービスに展開できる可能性があるのではないか？　体重計の常識を壊せるのではないか？　といった視点がＯＴＯで試してみたかったことです。

開発にあたって、実際にユーザーインタビューを重ね、モックアップをつくり、フィードバックを基に修正をかける作業を行っています。ちなみにこのプロジェクトリーダーであった、ドイツ人プロダクトデザイナーも熱烈な自転車愛好家で、自身がひとりのユーザーとして日々のフラストレーションを高解像度に理解していました。

もしランナーのための体重計だったら異なる発想が湧いてきたことでしょう。たとえば走る前に乗ると「水を飲んでから行ったほうがいいですよ」と教えてくれたり、走る前と走った後のデータを蓄積して分析してくれたりする体重計（とアプリ）があったとしたら、毎月５００円くらいなら払ってくれるユーザーもいるかもしれません。なにせランナーは世界に１億人もいるのです。

ＯＴＯのようなプロダクトは、日本のメーカーにも容易に作れるものだと思っています。

世界トップクラスの品質の体重計を作るメーカーは日本にもいくつか存在しています。高性能で堅牢なプロダクトをお求めやすい価格で提供できるものづくりの力には脱帽します。しかし、薄利の売り切りビジネスはどうしても継続がきついはずです。

もしユーザーにいままでにない課題解決と体験価値を提供することができれば、体重計が1万円してもいいかもしれません。なおかつ、体重計というインターフェースを使ってユーザーの困りごとを継続的に解決してあげることで月に1000円でも払ってもらえるサブスクリプションサービスも可能かもしれません（図18）。

図18　ケース③：OTO

成功するプロジェクトに共通する4つのポイント

ここまで3つのケースを見てきました。そのいずれのケースにも共通するのは、次の4つの事柄です。

①ユーザーについての高解像度の理解を獲得すると同時にアイデアも出す
②単発のアイデアは機能しない。アイデアは群として考える
③プロトタイピングを通して、「仮説」「検証」「アラ取り」を行う
④デザインには「課題解決のためのデザイン」と「ブランドやスタイルを作るデザイン」があることを知り、活用法を意識する

このようなポイントを踏まえた上で、BTC型のチームでプロジェクトに臨めば、イノ

ベーションを起こす上での「新結合」と「社会浸透」の2つの実現可能性を上げていくことができるでしょう。

このようなプロジェクトを再現性を持って、ファシリテートするのがＢＴＣ型のリーダーです。プロジェクトを通して経験を積んでいくことで、新規事業の請負人のような役割を担えるようになっていくでしょう。

前述したように「未来は変化の積分値」です。**変化を引き起こすＢＴＣ型人材とその組織は、未来の担い手なのです。**

組織に「CXO」が必要な理由――おわりに代えて

ユーザー視点のプロダクト・サービス作りと、きめ細かいコミュニケーション、さらに社内外のブランディング。こうしたデザイン領域は社内全体に行き渡ってこそ最大の効果を発揮します。

本書ではそのような変革の実践者として、ビジネスパーソン×デザイン＝ビジネスデザイナー、もしくはエンジニア×デザイン＝デザインエンジニアという人材像を通して、究極的にはBTC型人材へと発展していくイメージを描いてきました。

その発展型として完成されたBTC型リーダーの活躍の実例が、先端企業で積極的に導入されている**CXO（チーフ・エクスペリエンス・オフィサー）**です。日本のスタートアップ業界では、ピースオブケイクの深津貴之さんや、クラシルを展開するdelyの坪田朋さんなどが、実力派のCXOとして活躍していらっしゃいます。

ＣＸＯはＵＸ（ユーザーエクスペリエンス）全般に責任を持つ経営メンバーのことです。ブランド戦略や顧客とのコミュニケーション戦略を練るときはＣＭＯ（最高マーケティング責任者）と協調し、プロダクトをつくるときはＣＴＯ（最高技術責任者）やＣＰＯ（最高製品責任者）と一緒に仕事をする。プロダクトとコミュニケーションの両方に目を光らせ、企業のＢＴＣトライアングルの適正なバランスを維持する重要な役割を担うのがＣＸＯです。

日本の大手企業でＣＸＯを導入している企業はまだまだ少数です。しかし、２０１８年に政府から出された「デザイン経営」宣言以降、スタートアップを中心にＣＸＯを設置する企業が加速的に増えてきました。その一例が**メルカリ**です。私もメルカリのＣＸＯ室の設置や運営支援に関わっている当事者のひとりでもあります。

同社はいま上場後の成長を目指して、組織拡大の真っ最中です。各事業の複雑性も増し、海外展開も進む。組織が急拡大するときは、各事業部のサイロ化や個別最適が起こりがちですが、それを場面場面で防ぎつつ、メルカリとしての一貫したＵＸとブランディングに目を光らせるＣＸＯは責任重大です。

きっかけは山田進太郎CEOからデザイン組織の改革についての相談を受けたことです。「グローバルで勝負するならデザイン部門の責任者がいないのはマズいんじゃないかな」という会話をしたことがきっかけとなり、プロジェクトがスタートしました。

まず行ったことはCXO室の新設です。CXO室には各事業部のデザイン責任者にも所属してもらい、CXO室が集合人格として機能する仕組みを目指しました。

私は、このCXO室の家庭教師のような役割を担っています。ブランド構築からガイドラインの整備、デザイン組織やデザイナーのキャリアパス設計など、組織としての下回りを一年弱で整えてきました。同時に、Takramが普段使っている様々なフレームワークをデザイナー陣に伝授したり、マネージャー陣と現場で起きている課題について議論を交わしたりと、様々な取り組みを行っています（図19）。

このCXO室の最初のアウトプットが、2018年末に一新したメルカリのロゴマークです。これもCXO室が主導する形で短期間に実現しました。デザイン組織としてモダンな体系を取り入れ、きちんと育てていけば、数年のあいだに相当洗練されたレベルへいく

図19　メルカリのブランド構築

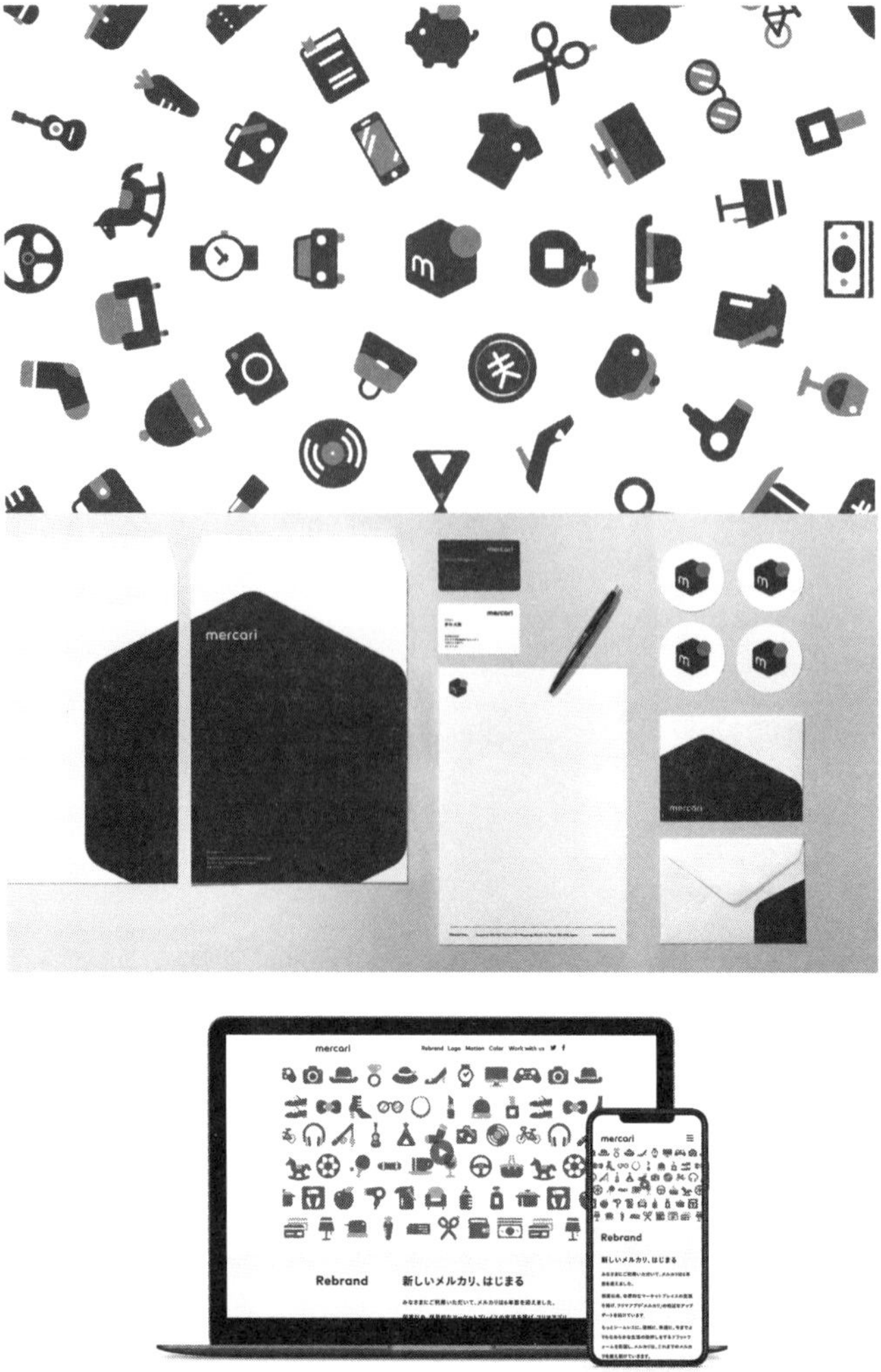

のではないかと期待をしています。

CXOに求められる資質は2つ、デザインに対する深い理解と、ビジネスパーソンや技術陣営とも渡り合えるコミュニケーション能力です。コミュニケーション能力の中でも特に重要なのが**「言語化能力」**と**「構造化能力」**です。企業の役員になるような人たちは基本的にロジカル思考で、ロジックできっちり説明されないと腹落ちしない人が多いからです。株主などのステークホルダーに対する説明責任もあります。

圧倒的なクリエイティブの力で経営陣を魅了する。これはデザインチームが経営層とコミュニケーションを行うときの最低限のマナーです。一方で、取締役会の席上で「これ、いい感じでしょう?」だけでは通用しません。その内容が全体戦略の中で持つ意味合いをしっかり説明する。世の中でインパクトを生むような活躍をする腕利きのデザイナーたちは言語化能力と構造化能力を当然のように備えています。

CXOは経営陣にBTCやデザイン活用の重要性を説き続けることで、長期にわたるイノベーション力やブランド力の向上を目指すのです。

第４次産業革命の時代にあって、デザインが重要な要素となったことは、本書の中でも繰り返しお伝えしたとおりです。一方で、単にデザインを既存の組織に追加するだけでは、それほどの効果は出ません。ビジネスとテクノロジーとデザインの３つをいかに統合的に扱えるようになるか。これがイノベーションを生む環境の土台になります。それを一言で表したのがＢＴＣトライアングルであり、ＢＴＣ型人材です。

近い将来、経営者たちの多くが、ユーザーに正面から向き合う必要にかられ、結果としてデザインの力を活用する、つまりＢＴＣスキルを学んでいくようになると考えています。そのとき、ＣＸＯこそがＢＴＣ型人材の典型として、組織がデザインを統合的に扱うための原動力になると、私は考えています。

本書はＢＴＣへの長い道のりの入門書として導入部を中心に書きました。ピンと来た方は、専門書籍や教育機関を活用してより深い知識を得ていただければと思います。

本書を手にとっていただいたビジネスパーソンやエンジニアのひとりでも、そのような視野を持って、少しずつでも日々の仕事に変化の一歩を刻んでいただければ、これより嬉しいことはありません。

最後に、本書を一緒に作りあげていただいた楊木文祥さん、郷和貴さん、装丁を担当いただいた水戸部功さんに深く感謝を申し上げます。

2019年7月

田川欣哉

イノベーション・スキルセット

世界が求めるBTC型人材とその手引き

2019年 9 月 5 日　第一刷発行
2023年 2 月10日　第四刷発行

著者　田川欣哉《たがわきんや》

発行者　佐藤 靖

発行所　大和書房《だいわしょぼう》
東京都文京区関口1-33-4
電話　03-3203-4511

編集協力　郷 和貴
校正　円水社
本文印刷　信毎書籍印刷
カバー印刷　歩プロセス
製本　ナショナル製本

ISBN978-4-479-79703-6

http://www.daiwashobo.co.jp